자막 만들기 100 가지

세계 프로들의 노하우

연희승

박영사

머리말

'유료 폰트가 역시 예쁜 것 같아', '이펙트만 있으면 훨씬 나을 텐데', 반대로 '굳이 자막까지 신경 쓸 필요 있나?'. 자막 관련해서 영상 제작 수강생에게 가장 많이 듣는 이야기입니다. 폰트와 이펙트가 자막의 해결 방법일지, 아니면 정말 아무 신경 안 써도 되는 건지 어떻게 알 수 있을까요? 자막을 만드는 툴(컴퓨터 프로그램)을 다루는 강의는 더러 있지만, 제작 원리와 활용 방법을 가르쳐주는 곳은 찾아보기 어렵습니다. 기초를 모르면 응용문제를 풀기 어렵죠.

'아무도 자막에 대해 가르쳐 주지 않을 때', '이게 맞는지 아닌지 답답할 때', '무료폰트를 세련되게 사용하고 싶을 때' 등 아마추어 제작자의 '자막 고민 해결 방법'을 정리했습니다. 책의 목차는 자막을 만드는 순서로 나열했습니다. 초보자는 순서대로 살펴보면 자막을 분석하는 관점부터 제대로 알 수 있고, 숙련자는 필요한 부분을 레퍼런스처럼 찾아보면 좋은 참고자료로 활용할 수 있을 겁니다.

이 책은 자세한 설명을 위해 세계 광고 100편을 예제로 사용합니다. 영화, 뮤직비디오, TV 프로그램 등 자막을 가장 많이 사용하는 동영상 중 하나는 광고입니다. 자막 하나로 광고를 완성하는 위엄도 보여주죠. 해외 사례로 람보르기니, BMW, 벤츠, 아우디, 샤넬, 힐튼 호텔, 월트디즈니, 뉴욕타임스, 아마존, 레고, 라코스테, 나이키, 존슨즈, 스타벅스, 맥도널드, 도미노 피자 등이 있고, 국내는 삼성전자, 현대자동차, 아시아나항공, 티웨이항공, 롯데백화점, 아모레퍼시픽, 골프존, 매일유업 등이 있습니다. 칸(Cannes Lions) 상을 받은 작품을 포함하여 모두 세계적인 프로들이 만든 만큼 배울 점이 많습니다.

힐튼 호텔은 왜 글자에 이미지 요소를 추가했는지, 샤넬은 무얼 기준으로 글씨 크기를 변형했는지, 나이키는 글자 간격을 어떻게 처리했는지, 스타벅스는 왜 한 문장을 두 줄로 표현했는지 등을 함께 살펴보겠습니다. 각 예제의 주요 장면은 캡처했지만, 동영상은 움직이는 이미지와 사운드의 조화이기 때문에 직접 보고 이해하는 것이 더 정확합니다. 각 예제에 QR코드가 있으니 시청 후 살펴보면 훨씬 더 생동감을 느낄 수 있습니다.

차례

PART 02 제작

Chapter 05 워딩(Wordig) 정리

Chapter 06 1차 스타일 잡기: 기본

PART

01

계획

Chapter 01

자막 사용의 목적

메시지 전달력 높이기_ 라코스테

No.1 '라코스테'의 '멸종 위기 동물 알리기' 캠페인 (첫 번째)

첫 번째 예제는 '라코스테(Lacoste)'의 '멸종 위기 동물 알리기' 캠페인입니다. 1933년 설립된 의류 회사로 '악어' 로고로 많이 알려진 라코스테는 이번 캠페인을 위해 과감한 시도를 했는데요. 오랫동안 사람들에게 인식되어 온 '악어' 로고를 옷에서 떼어내고, 10종류의 '멸종 위기 동물'을 로고로 만들어 티셔츠에 새겨 넣었습니다. 그리고 동물별 개체 수만큼 티셔츠를 한정 생산하였죠. 가장 적은 수의 동물은 바키타돌고래(The Vaquita)로 전 세계에 30마리만 남아 티셔츠를 30장 제작했습니다. 멸종 위기 동물은 총 1,775마리였고, 라코스테는 1,775장의 티셔츠를 한정 판매하였습니다.

기발한 캠페인 아이디어와 마찬가지로 광고도 독특한 콘셉트로 만들었는데요. '자막'과 '제품'만 등장시켜 메시지를 전달했습니다. 사람들에게 화제가 되었을 뿐 아니라, 칸(Cannes Lions), 클리오(Clio Awards), 뉴욕 페스티벌(New York Festivals) 등에서 수상할 만큼 작품성도 인정받았죠. 메시지를 자막으로 적어 경쾌한 음악에 맞춰 깔끔하게 전달하였고, 디자인적으로도 심플하면서도 세련된 선택을 했습니다. 한눈에 읽기 쉬운 폰트를 사용했고, 글씨색은 라코스테 로고가 떠오르는 검은색과 초록색을 사용했죠.

이 예제를 첫 번째로 소개하는 이유는 자막 사용의 목적인 '메시지 전달'을 이해하기 위해서입니다. 자막 제작이라고 하면 멋진 폰트와 색, 이펙트(효과)를 떠올리기 일쑤인데, 사실 메시지가 분명히 전달되지 않으면 아무리 좋은 요소도 의미 없게 됩니다. 간결하게 문구를 정리하고, 그 문구를 어디에 배치할지 계산하고, 시청자가 쉽게 읽을 수 있도록 가독성을 높이고, 문장부호는 사용할지 안 할지를 결정하는 등 모든 과정은 메시지를 정확하게 전달하느냐에 달려있죠.

지금부터 메시지 전달력을 높이는 방법에 대해 하나씩 알아볼 겁니다. 텍스트로 이해하는 것으로 끝나지 않도록 각 예제에 동영상을 볼 수 있는 QR을 함께 제공했습니다. 캡처된 이미지보다 훨씬 이해하기 쉬울 것이고, 특히 편집의 리듬감과 사운드도 함께 느낄 수 있어 자막 공부에 더욱 재미가 생길 겁니다. 시청 후 내용을 살펴보길 바랍니다.

- 단순한 폰트와 색(검은색과 초록색)을 사용함
- 한 화면에 문장을 길게 표현하지 않음
- 문장을 끊어 한눈에 빨리 읽히도록 함
- 키워드 중심으로 스토리를 이어나감
- 현란한 이펙트를 사용하지 않음(편집으로 리듬감을 살림)
- 자막 길이에 따라 타이밍을 적절하게 분배함(빨리 읽히는 단어는 빠르게 편집, 중요하거나 단어가 여러 개일 경우는 여유롭게 보여줌)

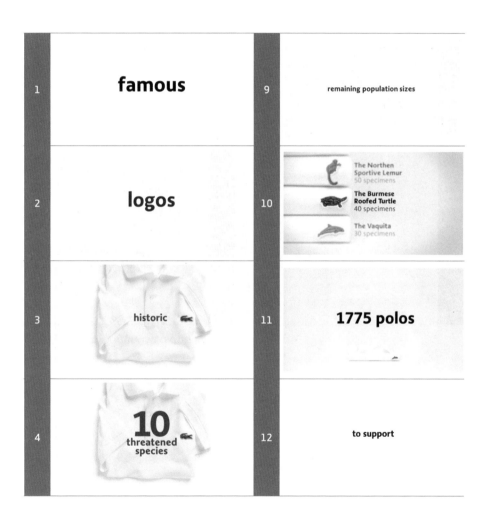

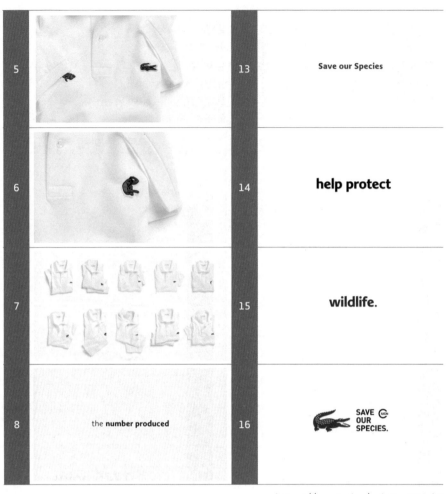

https://youtu.be/qsbCoaUxnhI

No.2 '라코스테'의 '멸종 위기 동물 알리기' 캠페인 (두 번째)

라코스테는 첫 번째 '멸종 위기 동물 알리기' 캠페인을 성공시킨 후, 1년 뒤 또 다른 멸종 위기 동물(10종류)을 알리는 광고를 만들었습니다. 첫 번째처럼 동물의 남아있는 개체 수만큼 티셔츠를 생산한 것은 똑같지만, 이번에는 티셔츠를 지정된 매장에서만 살 수 있도록 판매 방법을 바꿨습니다. 온라인 매장을 포함하여 전 세계 10곳에서만 판매했고, 대한민국 서울에서는 모헬리 소쩍새(Moheli Scops Owl)가 새겨진 티셔츠 400장을 살 수 있었죠. 그리고 이 판매는 전 세계적으로 같은 날 시작되었습니다.

광고 동영상의 전체적인 콘셉트, 표현방식, 분위기는 첫 번째 광고와 크게 다르지 않습니다. 하지만 이번에는 필요에 따라 글자의 크기가 과감하게 커지고, 자막과 함께 도형도 등장합니다. 멸종 위기 동물이 새겨진 티셔츠를 원형으로 배치한 후, 그 다음 화면에서 (자막을 강조하기 위해) 원 모양의 도형을 함께 사용하죠. 중요한 글자에 밑줄도 긋고, 글자 뒤에 배경색을 따로 넣기도 하는 등 첫 번째 광고보다 표현방법이 다양해졌습니다. 그래도 여전히 폰트와 색은 (첫 번째 광고와 마찬가지로) 전체적으로 심플합니다. 깔끔한 스타일을 유지하면서 가독성 있게 글자를 강조하는 방법을 전반적으로 잘 보여준 예제입니다.

- 첫 번째 광고에서 크게 벗어나지 않는 콘셉트를 유지함
  두 광고가 이어지는 느낌이 들도록 표현함
- 전반적으로 심플, 깔끔, 정돈된 분위기를 나타냄
- 자막 색은 첫 번째 광고와 마찬가지로 검은색과 초록색을 사용함
  바탕이 초록색일 경우에는 흰색을 사용함
- 크기로 글자를 강조하고 싶을 때는 화면을 꽉 채울 정도로 과감하게 표현함
  두께도 두껍게 하여 한 번 더 강조함
- 앞뒤 화면 연결에 신경을 씀
  (앞 화면에 등장한 형태와 같은 형태(원 모양)의 도형을 뒤 화면에도 사용하
  여 글자를 강조함)
- 강조 방법의 변화를 주기 위해 밑줄 긋기나 글자 뒤에 배경색을 넣음
- 밑줄과 (글자 뒤) 배경도 검은색과 초록색에서 벗어나지 않음
  심플한 스타일을 유지하려고 노력함

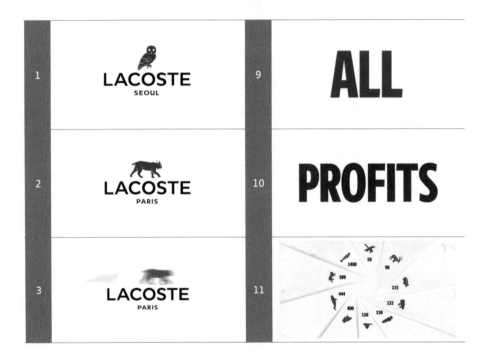

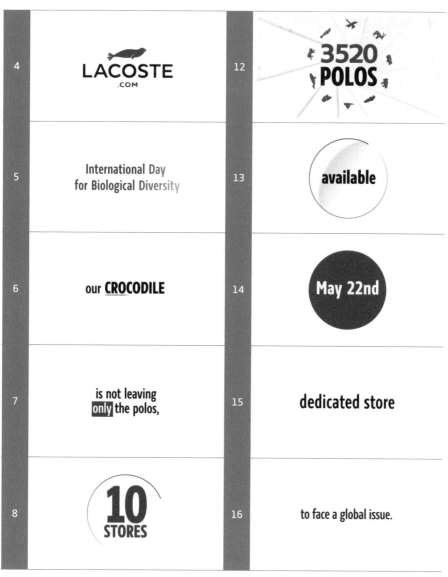

4	LACOSTE .COM	12	3520 POLOS
5	International Day for Biological Diversity	13	available
6	our **CROCODILE**	14	May 22nd
7	is not leaving only the polos,	15	dedicated store
8	10 STORES	16	to face a global issue.

https://youtu.be/fYPZIfOVDvA

자막의 역할

동영상의 기본 구성요소는 이미지와 사운드입니다. 기초적이면서도 중요한 부분이지만 경험이 부족한 제작자는 이 둘을 조화롭게 유지하기가 어렵지요. 적당히 찍어서 이미지를 만들고 분위기에 어울리는 사운드를 입히면 그럴듯한 동영상이 된다고 생각할 수도 있지만, 이는 이미지와 사운드의 역할을 잘 이해했다고 보기 어렵습니다. 구성요소에 대한 충분한 이해가 선행되지 않으면 완성도 높은 동영상을 기대하기 힘듭니다.

동영상의 일부인 자막도 제대로 활용하기 위해서는 그 역할을 먼저 알아야 하는데요. 자막은 이미지와 사운드 중 어느 역할을 할까요? 눈으로 보는 것이라 초보자는 대부분 이미지로 생각하는데, 사실 자막은 이미지와 사운드 두 가지 역할을 모두 합니다. 자막이 사운드 역할을 한다는 것은 초보자에게는 생소한 관점일 겁니다. 역할에 대한 이해가 필요한 첫 번째 이유입니다.

두 번째는 자막 만들기에서 가장 먼저 하는 작업이기 때문입니다. 계획성 있는 제작을 진행할 수 있고, 작업 시간을 줄여주는 장점을 갖고 있죠. 계획했던 '제작 방향'과 '콘셉트'를 일관되게 유지할 수 있게도 해줍니다. 초보자가 흔히 하는 실수 중에는 방향을 잃어 작업물의 완성도가 낮아지는 경우가 있습니다. 이러면 다시 작업해야 하는 번거로움이 있죠. 그리고 결과물이 잘되었는지, 잘못되었는지 판단할 기준이 없으면 계획했던 것과 달라지기도 하여 '역할 구분'은 자막 제작 초반에서 중요하게 작용합니다.

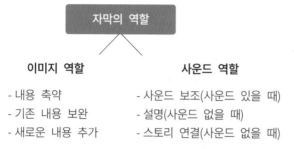

역할은 크게 '이미지 역할'과 '사운드 역할'로 나눌 수 있고, 각 역할은 더 자세하게 나눌 수 있습니다. 이미지 역할은 '내용 축약', '기존 내용 보완', '새로운 내용 추가'로 세분되고, 사운드 역할은 '사운드 보조', '설명', '스토리 연결'로 세분됩니다. 각 역할의 구체적인 내용은 예시와 함께 다음 장에서부터 알아보겠습니다.

내용 축약_ 도미노 피자, 기프트 카드 버진 익스피리언스 데이즈

No.3 도미노 피자

대사 없이 이미지로만 여러 가지 상황을 보여주는 경우 시청자가 상황을 정확하게 파악하기 어려울 수 있습니다. 특히 빠른 호흡의 동영상에서는 앞 상황이 파악이 안 되었는데 뒤에 또 다른 상황이 이어지면 점점 이해하기 어려워집니다. 그래서 각 상황의 내용을 축약하여 키워드 형식으로 정리해주는 게 시청자 이해에 도움이 되죠. 시청자는 어떤 포인트로 동영상을 봐야 하는지 알 수 있고, 맥이 끊기지 않게 시청할 수 있습니다. '도미노 피자'는 피자를 즐길 수 있는 여러 상황을 다양하게 보여주었고, 흐름을 이어가기

위해 자막을 효과적으로 사용하였습니다.

이렇게 내용 축약을 위해 자막을 사용할 때는 유의할 점이 있습니다. 내용을 쉽게 정리해주고, 축약한 자막이 이미지와 연결되는지 확인해야 합니다. 그리고 자막에만 시선을 빼앗겨 (동영상 안의) 사람과 사물의 움직임을 놓치지 않게 하려면, 자막은 최대한 간결하게 표현해야 합니다. 폰트, 색, 효과 등을 심플하게 하여 움직임 요소(사람과 사물)에 방해되지 않도록 주의해야 하죠.

- 여러 가지 상황을 압축한 키워드 형태의 표현임
- 과감한 크기의 자막을 사용함
- 폰트는 심플한 것으로 선택함
- 기존 동영상 속에 여러 색이 포함되어 자막은 흰색으로 깔끔하게 표현함
- 두꺼운 글씨로 가독성을 높임
- 'YES'는 강조하기 위해 문장부호 '!'를 추가함
- 'YES!'의 강조 효과를 높이기 위해 크기를 과감하게 키움
- 'BEACHES'는 동영상 속, 바람에 사람이 날아가고 있어 자막도 날아가는 효과를 줌

https://vimeo.com/569413355

No.4 경험을 선물하는 기프트 카드 '버진 익스피리언스 데이즈'

영국의 '버진(Virgin) 그룹'은 항공, 미디어, 관광 등 여러 회사를 보유한 대규모 기업입니다. 이 중 우리가 살펴볼 회사는 '버진 익스피리언스 데이즈(Virgin Experience Days)'인데요. 휴식, 모험, 스포츠, 예술 등 경험을 선물할 수 있도록 기프트 카드(Gift Card)나 바우처(Voucher)를 만들어 판매하는 회사입니다. 자식이 부모에게 스파(Spa) 이용권을 선물하거나, 친구에게 도자기 만들기 일일체험 등을 선물할 수 있도록요.

이 특징을 그대로 살려 광고에서도 선물하는 상황을 보여줍니다. 스토리를 하나로 축약할 수 있는 자막과 함께요. 자막은 'A GREAT STORY TO TELL(자랑할 수 있는 멋진 이야기)'이고, 스토리 초반에는 시청자를 끌어들이는 역할을 하고, 후반에는 내용을 다시 정리하는 역할을 합니다. 자막을 표현하는 데에도 기발한 아이디어가 돋보였는데요. 동영상 속 '소품(책)' 안에 자막을 새겨넣어 자연스럽게 메시지가 드러나게 한 겁니다. 화면 위에 얹는 식이 아닌 한 단계 업그레이드된 표현이지요.

핵심
POINT

- 스토리를 하나로 묶어줄 문구를 정리함
  'A GREAT STORY TO TELL(자랑할 수 있는 멋진 이야기)'
- 자막을 상황 속 소품(책)에 배치하여 스토리에 자연스럽게 녹임
- 내용과 관련된 느낌(스릴, 흥미, 박진감 등)을 자막에서도 느낄 수 있게 글자를 사선으로 배치함
- 소품(책)이 빨간색인 이유는 '버진(Virgin)'의 브랜드 색이기 때문임
  빨간색 바탕과 어울리도록 글자는 밝은색으로 처리함

초반 자막

- 자막을 주제어처럼 초반에 제시한 후 스토리를 이어감
- 시청자에게 주제를 인식시킨 후 관련된 상황을 여러 개 보여줌
- 문구 앞에 'HAVE(소유하다, 가지다)'를 넣음
- 'HAVE A GREAT STORY TO TELL(자랑할 수 있는 멋진 이야깃거리를 만드세요)'
  선물을 '주는 사람'이 '받는 사람'에게 말하는 것처럼 표현함

후반 자막

- 자막이 등장하는 화면에 타이밍(시간)을 다소 길게 줌
  메시지를 한 번 더 강조하려는 방법임
  내용을 총정리하는 기회이기도 함
- 문구 앞에 'GIVE THEM(그들에게 주세요)'을 넣음
- 'GIVE THEM A GREAT STORY TO TELL(자랑할 수 있는 멋진 이야깃거리를 그들에게 만들어 주세요)'
  '제작자'가 '시청자'에게 말하는 대사처럼 느껴지게 함

https://vimeo.com/358296017

No.5 '디죠르노' 냉동 피자

　　세로 화면에서는 자막을 어떻게 표현하는지 알아보겠습니다. 냉동 피자 '디죠르노' 광고인데요. 디죠르노는 자신의 경쟁상대를 '배달 피자'로 보았습니다. 사람들에게 배달시켜놓고 힘들게 기다리지 말고 피자를 데워 먹으라고 말하고 싶었죠. 설득해야 하는데 잘못하면 강요하는 느낌이 들까 봐 최대한 무거운 느낌을 빼고 재미있게 표현하려고 했습니다. 그래서 SNS 플랫폼 양식을 빌려와 화면을 위, 아래로 나누고, 두 가지의 상황을 동시에 보여주었죠. 위에서는 배달 피자를 시켜놓고 기다리는 사람의 상황을, 아래에서는 김이 모락모락 나는 맛있는 피자를 보여주었습니다. 그리고 각 영역 속에 전달하고 싶은 메시지를 자막으로 넣었습니다.

　　동영상 제작을 하다 보면 이미지만으로는 메시지가 충분히 전달되기 어려울 때가 있습니다. 이를 보완하기 위해서는 추가적인 설명이 필요한데, 내레이션을 할 정도로 긴 설명이 아니라면 적절한 자막으로 시청자의 이해를 도울 수 있습니다. 간단한 방법으로 내용을 한결 수월하게 전달하는 거죠.

- SNS 플랫폼 형태를 빌려와 두 가지 다른 화면을 연결한 아이디어가 돋보임
- 세 가지 유형의 자막을 섞음
- 위 화면에서 아래 화면으로 이어지는 독특한 연출에 세 가지 자막 타입이 재 치 있게 섞여 메시지를 흥미롭게 전달함

자막 유형 1: 사람들이 있는 위 화면

- 'WAITING ON DELIVERY(배송을 기다리는 중)'
- 피자를 주문하고 기다리고 있는 상태를 나타냄
- 인테리어 소품처럼 자연스럽게 느껴지도록 문구를 액자에 넣음

자막 유형 2: 게시물 코멘트처럼 보이는 화면과 화면 사이의 글

- 'We've. Almost. Got. It(거의 다 가졌어요(잡았어요)).'
- 사람들이 힘겹게 피자를 잡으려 하는 모습을 부연 설명함
- 위, 아래 상황을 이해하도록 메시지를 추가한 것임
- SNS 게시물같이 느껴지는 글씨체와 색을 사용함

자막 유형 3: 피자가 있는 아래 화면

- 'IT'S NOT DELIVERY. IT'S DIGIORNO.(배송되는 상품이 아니에요. 이건 디 죠르노 (냉동) 피자예요.)'
- 최종적으로 전달하고 싶은 메시지를 적음
- 피자 주문 후 힘들게 기다리지 말고, 간편하게 디죠르노 (냉동) 피자를 먹으라 는 이야기임

https://pin.it/2DRzsBV

　삼성전자 '비스포크'는 냉장고, 세탁기 등 가전제품 브랜드로 디자인과 색에 민감한 사용자가 대상입니다. 제품 색이 다채로운 것이 특징이고, 이 점을 광고에서도 돋보이게 하려고 화면 속 자막은 최대한 단순하게 표현했습니다. 자막의 색과 글씨체를 심플한 것을 선택했죠. 그리고 '자간'을 좁혀 디자인적으로 깔끔하게 표현했고 가독성을 높여주었습니다.

　'자간'은 글자와 글자 사이의 간격으로, 자막에서는 이 간격이 넓으면 한눈에 쉽게 읽히지 않습니다. 단어가 한 덩어리로 눈에 잘 들어오지 않아 가독성이 떨어지는 것이죠. 이해를 돕기 위해 예를 들어보겠습니다.

자간을 좁게 한 경우

자 간 을 넓 게 한 경 우

　위, 아래 글자 수(8개)가 같지만, 글자 사이의 간격에 따라 단어가 한 덩어리로 보이는 느낌이 다릅니다. 동영상 자막은 인쇄된 글자와 성격이 다르기 때문에 한 단어 안에 자간이 벌어지면 자막이 빠르게 읽히지 않습니다. 인쇄 글자(책)는 지나간 글씨를 다시 볼 수 있거나, 보는 사람의 의지대로 읽는 시간을 조절할 수 있습니다. 동영상은 자막을 읽을 수 있는 타이밍이 정해져 있어 주어진 시간 안에 이해하려면 단어가 한 덩어리씩 눈에 잘 들어와야 합니다. 사실 초보자의 대부분이 자간 조절의 중요성에 대해 잘 알지 못합니다. 글자가 둥둥 떠 있는 것처럼 자막을 처리하는데, 자간 조절이 원인인 줄 모르고 폰트 선택이 잘못되었다고만 합니다. 자간만 잘 조절해도 훨씬 더 나은 결과물을 만들 수 있습니다. 사소한 부분이지만 결과물에는 큰 차이를 가져오니 적극적으로 활용하길 바랍니다.

- 보여줄 제품의 특징이 디자인과 색감임
  이를 돋보이게 하려고 자막은 심플한 색으로 선택함
- 제품 디자인처럼 글씨도 간결하고 세련된 느낌이 드는 글씨체를 선택함
- 글자 사이의 자간을 좁혀 가독성을 높임
- (후반부에 등장하는 장면을 제외하고) 화면 왼쪽에서 자막의 위치가 벗어나지 않게 함
  시청자의 시선이 분산되지 않게 하는 효과가 있음
  동영상 속 움직이는 대상도 봐야 하는데 자막의 위치가 자주 바뀌면 대상과 자막의 전달력이 모두 떨어질 수 있기 때문임
- 마지막 문구는 아무것도 없는 검은색 배경에 자막만 보임
  내용을 최종 정리하는 느낌을 줌
  강조하고 싶은 문구임을 알림

1 설립 3년 차

2 가입 100만 명

3

5 모두 모인 이곳

6 비스포크 오너도
오너가 되고 싶은 사람도

7

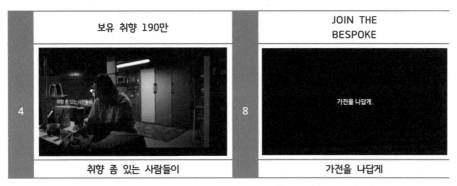

보유 취향 190만	JOIN THE BESPOKE
취향 좀 있는 사람들이	가전을 나답게

4

8

https://youtu.be/y1MqPugwjuE

No.7 의학, 웰빙 기업들의 커뮤니티 '두바이 사이언스 파크'의 우울증 테스트

흔히들 늦잠 자는 것은 게으른 행동이라고 말합니다. 하지만 이러한 행동이 계속 이어지면 나쁜 습관으로만 볼 게 아닙니다. 만성 우울증일 수도 있기 때문이죠. 이 심각성을 모르고 매일 반복되는 증상을 이상하게만 생각하는데, 이때는 신속히 전문가의 도움을 받아야 합니다. 이를 알리려고 '두바이 사이언스 파크(Dubai Science Park)'는 자가 우울증 테스트 웹사이트를 만들었습니다. 홍보 동영상도 제작했고, 다소 무게감이 있는 내용이어서 시청자들에게 조심스럽게 다가가려고 노력했습니다. 내용의 신빙성이 중요하여 너무 강압적으로 얘기해서도 안 되고, 너무 가볍게 접근해서도 안 되었죠.

그래서 시각적인 접근으로 천천히 시청자에게 다가갑니다. 방안에 누워 있는 사람을 보여주고, 주변에 정리되지 않은 사물들도 함께 보여줍니다. 일반적으로 나태하다고 볼 수 있는 환경을 느끼게 한 후 자막을 등장시키죠. 'MAYBE IT'S NOT LAZINESS(게으름이 아닐 수 있습니다)', 'MAYBE IT'S NOT PROCRASTINATION(할 일을 미루는 게 아닐 수 있습니다)', 'MAYBE IT'S NOT SLACKING(늘어진 게 아닐 수 있습니다)'. 그동안 우리가 가진 편견에 대한 새로운 일깨움을 주는 내용입니다. 이미지에 자막을 추가시켜 시청자에게 경각심을 갖게 하였습니다.

- 관점을 새롭게 추가할 수 있는 자막의 역할임
- 그림을 먼저 보여준 후 자막은 뒤에 등장시킴
  시청자가 그림을 보고 자신만의 생각을 먼저 갖게 한 후, 제작자가 전달하려는 문구를 나중에 등장시킴
  자막을 사용하여 기존의 관점을 바꾸는 효과가 있음
- 자가 진단할 수 있는 온라인 웹사이트를 알리기 위해 QR코드를 자막과 함께 제공함
  박스 형태의 테두리를 사용하여 자막과 QR코드를 묶어줌(한눈에 쉽게 들어옴)
- 자막의 위치를 고정함(왼쪽 밑)
  자막으로 그림을 가리지 않음
  그림 속 인물뿐 아니라 주변 사물이 흩어져 있는 배경도 중요하여 그 요소들을 방해하지 않으려고 자막을 화면 왼쪽 밑에 배치함
- 동영상 중반부터는 자막의 위치가 화면 중앙으로 바뀜
  바로 직전에 보여준 그림이기 때문에 그 중요도가 낮아져 그림을 가려도 괜찮음
  자막을 강조하기 위해 글자 크기는 키우고 그림은 흐리게(Blur) 함
- QR코드 왼쪽의 작은 글씨는 동영상 초반에 언급한 내용의 중복이기 때문에 작게 표시함
- 전반적으로 깔끔한 폰트와 글씨 색을 사용함
  무게감이 있는 스토리여서 내용을 방해하지 않으려고 자막에 특별한 색이나 효과, 움직임은 사용하지 않음(내용 전달에만 집중함)

1

MAYBE IT'S
NOT LAZINESS.
게으름이 아닐 수 있습니다.

3

MAYBE IT'S
NOT SLACKING.
늘어진 게 아닐 수 있습니다.

2 	4 
MAYBE IT'S NOT PROCRASTINATION. 할 일을 미루는 게 아닐 수 있습니다.	MAYBE IT'S NOT SLACKING. 늘어진 게 아닐 수 있습니다.

https://youtu.be/1 − hjvxHILl0

No.8 유아용품 '존슨즈'에서 제작한 태아를 위한 교향곡

임산부 초음파로 태아의 체중, 머리둘레, 배 둘레, 대퇴골 길이, 팔 위쪽 길이 등을 알 수 있습니다. 그리고 특수 계발된 계산 프로그램을 활용하면, 초음파 소리로 신체 부위의 특정한 음을 알아낼 수 있다고 합니다. 유아용품으로 유명한 존슨즈(Johnson's)는 이 프로그램을 만든 물리학자에게 한 산모의 초음파 소리를 분석해주길 의뢰했고, 여기서 찾은 음으로 교향곡(Symphony)을 만들었습니다. 그리고 산모에게 태교용으로 들려주었죠.

이를 그대로 녹화해 동영상으로 만들었습니다. 멋진 교향곡이 들리는데, 시청자는 음악 전문가가 아니므로 초음파에서 알아낸 음을 분간하기 어렵습니다. 동영상에서 들리는 음이 태아와 어떻게 연결되는지 알 수 없어 이해하는 데 불편하죠. 그래서 자막을 통해 지금 듣고 있는 소리의 계이름은 무엇인지, 태아의 어떤 부분을 이야기하는지 알려주었는데요. 내레이션으로 설명을 대신할 수도 있지만, 교향곡이 들리고 있어 말소리가 중복되면 감상에 방해될까 봐 자막을 사용했습니다.

이번 예제의 특이한 점은 악보를 자막으로 사용한 겁니다. 계이름을 알려주기 위해 악보를 등장시켰거든요. 글씨뿐 아니라 악보, 그림 등 다양한 형태를 자막으로 사용할 수 있음을 알려주는 좋은 예입니다.

핵심
POINT

- 시청자에게 새로운 정보를 주는 자막임
- 글자뿐 아니라 악보를 자막으로 사용함
- 원본 동영상이 전반적으로 어두워 자막은 밝은색으로 표현함
- 자막의 움직이는 속도가 적절함
  교향곡의 속도와 조화를 이루도록 자막의 빠르기를 조절함

https://www.adforum.com/creative−work/ad/player/34497408/the−
welcome−symphony/johnsons

No.9 '하이브' 보안 카메라

　　대사(사운드)가 있을 때 보조 역할을 하는 자막의 대표적인 예는 인터뷰 영상에서 볼 수 있습니다. 화면 속 사람이 말하는 그대로 화면 밑에 적히죠. 들리는데도 한 번 더 적는 이유는 정확도를 높이기 위해서입니다. 말하기 훈련을 받지 않은 일반 사람의 대사는 발음이 부정확하거나 호흡이 불규칙하여 의도한 문장 그대로 전달되지 않는 경우가 있거든요. 일상생활 대화에서는 상대방이 말하는 것을 듣지 못하거나 잘 이해하지 못했을 때 다시 말해달라고 요청할 수 있지만, 동영상에서는 그럴 수가 없죠. 그리고 똑같은 말을 어떤 사람은 알아듣고 어떤 사람은 못 알아듣는 때도 있습니다. 이런 이유로 인터뷰에서는 자막을 사용하여 시청자의 이해에 막힘이 없도록 하는 겁니다.

　　이번 예제는 실외용 보안 카메라 '하이브'에서 만든 광고인데요. 인터뷰는 아니지만 말하는 대상이 인형(Gnome, 정원 장식용 요정 석상)이라 입 모양이 움직이지 않아 자막이 필요했습니다. 정지된 인형이라 표정 변화나 손의 제스처도 파악할 수 없는 상태입니다. 물론 광고에서는 전문 성우가 대사를 녹음하여 발음이나 정확도의 문제는 없지만, 인형이 여러 개 등장하고 어떤 인형이 어떤 대사를 하는지 알기 어려워 자막으로 표시할 필요가 있었죠. 그리고 CG(Computer Graphics) 처리 없이 실제 인형 모습 그대로 촬영하여 움직임이 없어 자칫 단조로워 보일 수도 있었습니다. 그래서 자막으로 그 생동감을 보충해주었죠. 대사(사운드)가 들릴 때 같은 대사를 그대로 적는 자막 역할의 특별한 예이기 때문에(인터뷰 동영상과는 다른 유형이기 때문에) 눈여겨보면 재미난 아이디어를 얻을 수 있을 겁니다.

- 들리는 대로 적는 사운드 보조 역할의 자막임
- CG 처리하지 않은 실제 인형 그대로 찍었기 때문에 입 모양이 변하지 않아 이해하는 데 어려움이 있음
  어떤 인형이 어떤 대사를 하는지 알기 어려움
  시청자 이해에 도움을 주기 위해 말하는 캐릭터 주변에 자막을 적음
- 인형들의 대사를 각 캐릭터에 맞게 색을 바꿔 표현함
  캐릭터 별 차이를 두려고 자막 색을 바꿈
- 문장 전체를 한꺼번에 공개하지 않고 들리는 단어를 순차적으로 보여줌
  움직이는 사람이나 사물이 없어 자칫 동영상이 단조로워 보일 수 있어 자막에 변화를 준 것임
- 단어의 크기를 다르게 함
  강조할 단어는 크게 표시함
- 폰트는 인형 캐릭터의 작고 귀여운 느낌을 살리기 위해 딱딱하지 않은 폰트를 사용함

https://youtu.be/xX_9I7F3o9s?list=PLHFOW8rjGuMLX8IKUEM6D90n3uqvx166m

No.10 '뉴욕 타임스'의 구독자 소개

　　독특한 화면 구성과 자막 사용의 예를 소개합니다. 1851년 창간된 미국 일간지인 '뉴욕 타임스(The New York Times)'에서 여러 구독자를 소개하는 동영상입니다. 구독자가 관심 있는 것, 그 사람을 나타낼 수 있는 키워드, 일상, 성격 등을 알 수 있는 내용을 내레이션으로 전달하는데, 이를 신문에 타이핑하듯 그대로 화면에 적었습니다. 독특한 점은 한 번 지나간 대사를 지우지 않고 그대로 화면에 남기고, 새로 말하는 것을 그 옆에 계속 적는 겁니다. 최종적으로는 화면 전체가 여태까지 들린 대사로 꽉 채워져 마치 하나의 신문처럼 보입니다. 자신의 정체성(Identity)인 신문의 특징을 살려 자막을 잘 표현하였습니다.

핵심
POINT

- 내레이션을 자막으로 옮김
- 신문의 정체성을 살림
  신문 스타일의 폰트를 사용함
  타이핑 스타일로 자막을 적음
  문장부호인 쉼표, 마침표, 물음표로 앞뒤 문장을 구분함
- 강조할 부분은 굵은 글씨와 기울인 글씨를 적절하게 사용하여 표현함
- 신문 스타일을 살리려고 문장을 계속 이어서 타이핑함
  한번 지나간 대사가 사라지지 않고 화면 속에 그대로 남아 자막이 화면에 꽉 채워짐
- 동영상과 스틸(멈춰있는) 사진을 혼용하여 편집함
  자막이 계속 타이핑되기 때문에 화면 속 인물과 사물이 끊임없이 움직이면(동영상만 있으면) 시청에 방해를 줄 수 있음
  스틸 사진을 적절하게 사용하여 균형을 유지함
  동영상 전체 흐름의 강약을 조절하여 편집함

https://youtu.be/l5ev_itkCB0

No.11 '에미레이트 항공'의 두바이 엑스포 홍보

　　일반적으로 '자막을 넣는다'라고 하면 (후반 작업에서) 화면 위에 입히는 것을 생각합니다. 원본 동영상이 있고 그 위에 원하는 메시지를 얹는 방법이지요. 하지만 후반 작업이 아닌 촬영 당시부터 자막 역할을 하는 메시지를 함께 촬영할 수도 있습니다. 이번에 소개할 예제는 '에미레이트 항공(Emirates)'에서 두바이 엑스포를 알리는 홍보 영상인데요. 자막을 직접 도화지에 써서 등장인물이 들고 있습니다. 소품 속에 자막을 넣은 것이지요. 승무원이 카메라를 향해 도화지를 넘기며 메시지를 보여줍니다.

　　여기에서 끝나지 않고 다른 형태의 자막이 하나 더 등장합니다. 비행기 표면 위에 자막을 입혀 승무원 주변을 날아다니게 한 거죠. 직접 스토리를 설명하는 내레이션이나 대사는 없고, 내용을 이해할 수 있는 것은 화면 안의 '소품 자막'뿐입니다. 아이디어가 독특하여 시청자를 한눈에 주목하게 하고, 작품 자체도 완성도가 높은 예제입니다.

핵심
POINT

- 내레이션(사운드) 없이 화면 속 등장하는 자막으로 스토리를 진행함
- 도화지에 대사를 적어 한 장씩 넘기는 방법으로 자막을 처리함
- 후반 작업에서 따로 자막을 입힌 것이 아니라 촬영 때부터 자막(소품)을 등장 시킴
- 자막이 동영상의 주체적인 요소임
  인물과 사물(비행기)이 등장하지만, 주요 역할은 자막이 하고 있음
- 동영상 중반부터 비행기도 자막 역할을 함
  비행기 표면 위에 'DUBAI EXPO(두바이 엑스포)' 글자가 적혀 있음
  엑스포 기간 정보를 전달함

https://youtu.be/fbL9QdWWJzo

No.12 '삼성 갤럭시'와 BTS가 함께하는 환경 캠페인

'삼성 갤럭시' 환경 캠페인을 소개합니다. 도화지를 사용한 점이 앞의 '에미레이트 항공'과 같습니다. 하지만 전달 방법에서 분명한 차이가 있어 비교하여 보면 도움이 되는 예제입니다.

첫 번째 차이점은 여러 인물이 한 명씩 차례로 등장하는 겁니다. 각자 메시지가 적힌 도화지를 들고 나와 문구를 보여주죠. 만약 보여줄 자막 분량이 많다면, 한 사람이 긴 내용을 지루하게 보여주는 것보다 이번 예제처럼 나눠서 전달하는 것이 효과적입니다. 시청자가 받아들이는 데 버거움이 없고, 다음 사람이 등장할 때는 무슨 내용일까 궁금하게 만들죠.

두 번째 차이점은 '에미레이트 항공'처럼 한 도화지에 문장을 한 번에 넣지 않고, 문장을 끊어서 단어 중심으로 적은 겁니다. 메시지의 중요도를 높이는 방법으로 단어 하나하나에 집중하게 만들고, 환경이라는 진중한 이야기를 빠르지 않은 속도로 조심스럽게 전달할 수 있는 거죠.

또 다른 독특한 점은 도화지 자막 보여주기가 끝나면, 인물 뒤에 있는 대형 스크린 속에 자막이 한 번 더 등장하는 겁니다. 아날로그 자막(도화지)과 디지털 자막(스크린)의 조화를 보여주는 흥미로운 예제입니다.

핵심 POINT

- 등장인물이 번갈아 가며 메시지가 적힌 도화지를 보여줌
  도화지 속 자막으로 스토리를 이어감
- '에미레이트 항공'과 표현방법은 같지만, 문장 전달 방법에서는 차이가 있음
  '에미레이트 항공'은 전체 문장을 한 번에 보여주고, '삼성 갤럭시'는 문장을
  끊어 단어 중심으로 보여줌
  환경 캠페인인 만큼 진중한 이야기이기 때문에 인물이 메시지를 하나하나 천
  천히 전달함
- 진정성 있는 글씨체를 사용함
  손으로 직접 쓴 느낌의 글씨체임
- 도화지 자막 외에 다른 유형의 자막이 후반에 등장함
  인물 뒤에 있는 스크린 속에 'Galaxy for the Planet'이 보임
  아날로그 자막(도화지)과 디지털 자막(스크린)의 혼합 방식임

https://youtu.be/9Poo70B4oCM

No.13 디즈니 테마파크 '에프콧'의 원예축제

　　월트 디즈니 월드 리조트(Walt Disney World Resort)의 테마파크 '에프콧(EPCOT)'에서 열리는 원예축제 홍보 동영상입니다. 이번 예제는 자막 제작 과정까지 함께 볼 수 있어 더욱 흥미롭습니다. 디즈니 캐릭터인 '도널드 덕(Donald Duck)'을 등장시켜 자막을 직접 제작하게 했거든요.

　　원예축제 작품 중에는 도널드 덕을 형상화한 작품이 있는데, 그 앞에서 관람객이 사진을 많이 찍게 하려고 도널드 덕이 그들을 유인하는 내용입니다. 사람들이 도널드 덕 작품까지 길을 잘 찾도록 안내 푯말을 만들어 길 중간중간에 꽂고 다닙니다. 동영상 속 사람뿐 아니라 시청자도 푯말 속 메시지를 연속으로 읽으며 스토리를 이해할 수 있습니다. 푯말이 자막 역할을 한 거죠.

　　엔딩 장면에서는 푯말이 아닌 '화면 위 자막 얹히기' 방법을 사용했는데요. 원예축제 홍보 메시지를 강조하기 위해 전반부에 사용한 자막 처리 방법(푯말)과 다른 방법(화면 위 자막 얹히기)을 택했습니다. 깔끔한 색과 폰트의 글씨를 사용했고, 크기를 키워 원본 동영상의 다채로운 색과 여러 배경 요소 속에서도 글씨가 눈에 잘 들어오도록 했습니다.

풋말 자막

- 동영상 속 캐릭터가 직접 풋말(자막)을 제작함
- 풋말 속에 메시지를 넣어 스토리를 이어감
  도널드 덕을 형상화한 원예 작품 앞에서 관람객들이 사진 찍게 하려고 (도널드 덕이) 직접 풋말을 만들어 사람들을 유인하는 내용임
- 주변 배경이 다채로워 풋말 배경색은 깨끗한 색(흰색)을 사용함
  여러 가지 색 가운데 풋말이 잘 보이려면 단순하고 깔끔한 색이 효과적임
- 풋말 글씨는 직접 손으로 쓴 느낌이 들도록 손 글씨체를 사용함
- 도널드 덕이 풋말을 꽂고 다니면서 자막을 하나씩 등장시킴

화면 위 자막

- 광고가 전달하려는 최종 메시지는 화면 위 자막으로 정리함
  'DONALD IS BACK AND SO IS SPRING(도널드가 돌아왔어요. 봄도 돌아왔지요)'
- 동영상 속 배경이 여러 가지 색을 포함하여 글씨 색과 폰트는 깔끔한 것으로 선택함
- 화면을 가득 채울 정도로 글씨를 크게 하여 메시지를 강조함
- 문장에 마침표를 사용하지 않아도 문맥이 이해되기 때문에 마침표는 생략함
  (글씨가 기본적으로 크고 주변 배경 요소가 많아 마침표까지 있으면 깔끔하게 정돈된 느낌이 줄어들 수 있음)

https://youtu.be/vxSOlq0frP8

No.14 '에너지 업그레이드 캘리포니아'의 에너지 절약 캠페인

    오후 4~9시에는 에너지 사용이 많아 다른 때보다 에너지 부족을 더 겪는다고 합니다. 에너지 업그레이드 캘리포니아(Energy Upgrade California)는 그 시간 동안 에너지 사용량을 줄여 조금이나마 어려움을 해결하고 싶었습니다. 이를 위해 캠페인을 실행했고, 동영상을 만들었죠.

    에너지 절약 행동을 직접 보여주는 겁니다. 음악 플레이를 멈추고, 스위치를 내리고, 선풍기를 끄고, 불빛도 끕니다. 이러한 동작들을 시청자가 이해하기 쉽도록 자막을 함께 사용하였습니다. 'PAUSE(멈추기)', 'FLIP(내리기)', 'TURN OFF(끄기)'를 등장시켜 이야기를 이어나갔죠.

- 자막으로 장면을 이어감
- 등장하는 사물은 원형 모양임
  예) 엘피음반(LP), 원 모양 스위치, 선풍기, 전구
  캠페인 로고(4/9 로고)가 원 모양이라 여기에 맞춰 통일감 있게 표현함
  앞 장면에서 뒤 장면으로의 화면 연결이 자연스러워지는 효과가 있음
- '에너지 절약' 관련 단어를 한 장면에 하나씩 가운데에 크게 등장시킴
- 화면 속 사물이 갖는 의미와 자막의 뜻이 잘 연결됨
  엘피음반(LP)은 'PAUSE(멈추기)'
  스위치는 'FLIP(내리기)'
  선풍기는 'TURN OFF(끄기)'
  전구는 'LIKE THAT(이렇게 끄기)'
- 강한 메시지 전달이 필요하여 글씨를 두껍게 표현함
- 중요한 키워드이기 때문에 화면 가운데에 배치함
- '4/9 로고'는 캠페인의 핵심 내용인 '4~9시까지의 절약'을 의미함
  4와 9 사이 아래로 향하는 화살표 안에 '전기'를 나타낸 그림을 넣음

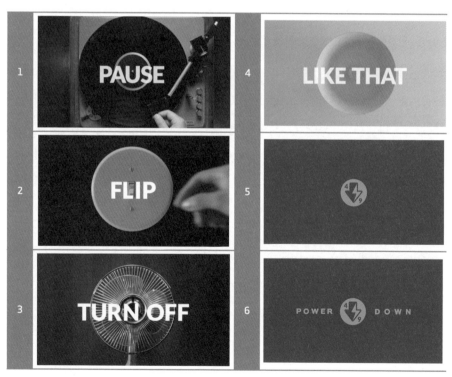

https://youtu.be/KzePCg2F_Zo

영상 내용 재확인

스토리 흐름 파악_ 그린피스 플라스틱 사용 줄이기, 비아 철도 캐나다

No.15 환경보호 단체 '그린피스'의 플라스틱 사용 줄이기 캠페인

스토리의 흐름에 따라 자막 표현은 어떻게 바뀌는지 알아보겠습니다. 환경보호 단체 '그린피스(GREENPEACE)'에서 '플라스틱은 오랜 시간이 지나도 사라지지 않는다'라는 콘셉트로 플라스틱 사용 줄이기 캠페인을 펼쳤습니다. 70년대 구두약 용기(플라스틱)가 50년이 지나도 썩지 않고 그대로 남아있음을 보여주면서요. 이를 동영상으로 담기 위해 70년대에 봤을 만한 구두약 광고를 만들었죠. 광고는 순조롭게 시작되고 잘 진행되다가 갑자기 시대가 바뀌는데요. 초반에는 70년대 느낌이다가 후반에는 현재 시점(지금 우리가 시청하고 있는 시간대)으로 건너뜁니다. 그리고 70년대의 구두약 용기가 50년이 지나도 썩지 않고 있음을 보여주죠. 심각성을 알리기 위해 분위기를 확연히 바꿔 자막의 색, 크기, 움직임을 엄숙한 느낌이 들도록 표현했습니다.

이 예제가 초보자에게 중요한 이유는 '스토리 흐름'에 자막을 맞춰 표현했기 때문입니다. 대부분 초보자는 스토리 전체를 파악한 후 작업하기보다는 지금 눈앞에 보이는 화면만 생각하죠. 순간 분위기에 맞춰 자막을 넣은 후, 작업이 모두 끝나고 처음부터 동영상을 돌려보면서 어색한 자막들이 많음을 발견합니다. 이런 경우 다시 작업해야 하는 번거로움이 생기죠. 이번 광고는 자막 작업에 전체 스토리 흐름을 왜 알아야 하는지를 배우는 좋은 예제입니다.

핵심 POINT

- 반전이 있는 스토리임
  반전이 시작되는 부분부터 전체 동영상 분위기가 바뀜

동영상 초반

- 70년대 광고처럼 느껴지도록 배경과 자막을 레트로(Retro, 복고풍) 느낌의 색을 사용함
- 글씨체, 자막의 움직임도 당시 느낌이 들게 표현함
- 강조하려는 글씨는 크게 함
- 'It's back(구두약이 돌아왔어요)!'은 중요한 부분이어서 글자 뒤에 이미지를 넣어 강조함
  반전이 시작되는 부분임

동영상 후반

- 플라스틱 환경오염의 심각성을 알리기 위해 동영상 분위기를 확 바꿈
- 검은색 배경에 구두약이 쓰레기처럼 떠다니는 사진을 사용함
- 검은색 배경에 자막은 흰 글씨로 엄숙하게 표현함
- 'Plastic doesn't just dissapear(플라스틱은 사라지지 않습니다).'는 가장 중요한 메시지여서 아무것도 없이 자막만 화면 가운데에 등장시킴

1. The best
   최고의

2. The best shoe polish
   최고의 구두약

6. It's back!
   돌아왔어요!

7. What's back is only the plastic packaging.
   그런데 돌아온 건 플라스틱 용기뿐입니다.

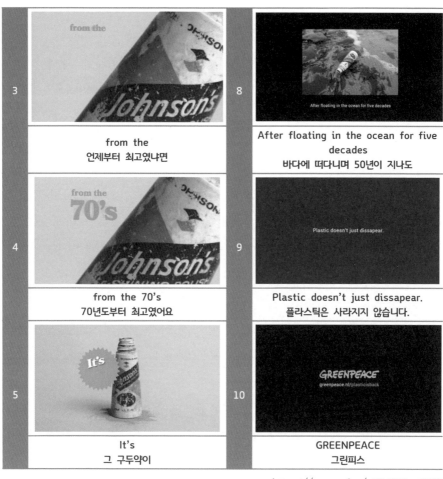

3 from the 언제부터 최고였냐면	**8** After floating in the ocean for five decades 바다에 떠다니며 50년이 지나도
4 from the 70's 70년도부터 최고였어요	**9** Plastic doesn't just dissapear. 플라스틱은 사라지지 않습니다.
5 It's 그 구두약이	**10** GREENPEACE 그린피스

https://youtu.be/aVLiORoyPG8

No.16 캐나다의 국영 기업 '비아 철도 캐나다'

　　스토리의 흐름이 '어두움'에서 '밝음'으로 바뀌는 예입니다. 캐나다 국영 기업인 '비아 철도 캐나다(VIA Rail Canada)'에서 만든 광고인데요. 팬데믹(Pandemic, 전염병이 유행하는 현상)으로 모두가 움직이지 않고 어두운 시간을 보냈지만, 이제는 밝은 시간이 다시 오고 있음을 알립니다. 이를 위해 스토리를 두 부분으로 나누었고, 전반부는 '어두움'을 후반부는 '밝음'을 이야기했죠.

　　전반에 '어두움'을 나타내기 위해 흑백의 아주 느린(Slow motion) 화면을 사용합니다. 시간이 멈춰있음을 나타낸 겁니다. 그리고 조용한 내레이션으로 이야기를 들려주죠. 마지막 내레이션은 '아무것도 우릴 멈추게 할 수 없어요'이고, 내레이션이 끝남과 동시에 흑백 동영상이 컬러로 바뀝니다.

　　화면 속도가 빨라지고, 배경 음악도 빨라집니다. 전체적인 분위기가 '밝음'으로 바뀌었고, 멈춘 시간을 다시 활발하게 하자는 뜻의 이미지들이 등장합니다. 마지막에는 내레이션보다는 자막 'book your comeback'을 사용해 조심스럽게 메시지를 전달합니다.

　　만약 자막이 아닌 내레이션을 사용했다면 어떤 느낌이었을까요? '어두움'을 나타내는 전반부 내레이션과 크게 다르지 않을 것이고, 강한 설득이 되어 시청자에게 부담감도 줄 겁니다. 그래서 제작자는 스토리의 흐름을 정확하게 파악하여 이를 피했습니다. 시청자에게 조심스럽게, 자연스럽게 다가갈 수 있도록 (마지막 메시지는) '자막'을 사용한 겁니다.

- 스토리가 '어두움'과 '밝음'의 두 부분으로 나뉨
- 어두운 이야기를 할 때는 내레이션을 사용함
- 스토리가 '밝음'으로 전환되면 내레이션이 사라지고 자막이 등장함
  조심스럽게 메시지를 전달하기 위해 말보다는 자막을 사용함
- 자막의 첫 글자를 대문자가 아닌 소문자를 사용함
  'book your comeback'에서 'b'를 소문자로 적음
  강압적인 전달이 아닌 조용한 설득을 하려는 목적이 있음
- 강요 없이 한 번만 짧게, 주요 메시지를 전달함
- 간결한 느낌이 드는 폰트를 사용함

https://youtu.be/R3JKyXfU7U8

No.17 디지털 결제 시스템 '집코'

　호주 디지털 결제 시스템 '집코(Zip Co)'에서 만든 광고입니다. 다양한 사람이 막힘 없이 결제하는 게 핵심 내용이고, 인물별 콘셉트를 다르게 하여 배경과 자막을 바꾼 점이 흥미롭습니다. 대사는 'Can I Zip it(집으로 결제할 수 있어요)?', 'Yes. You can(그럼요. 할 수 있어요).'이고, 이를 노래로 만들어 반복합니다.

　문장을 자막으로도 보여주는데, 스타일을 바꿔가며 등장시키죠. 캐릭터 특징에 잘 어울리도록 색, 크기, 글씨체, 움직임 등을 변형했습니다. 한 가지 유형의 자막을 유지하지 않은 이유는 대사가 반복되어 자막도 같으면 지루할 수 있기 때문입니다. 다소 현란한 느낌이 들긴 하지만 활발한 소비 활동을 보여주는 것이 핵심이어서 전체 느낌을 생동감 있게 만들었고, 자막도 분위기에 맞춰 흥미롭게 표현했습니다.

- 다양한 사람, 상황, 이유를 보여주기 위해 자막을 변형함
- 등장인물 콘셉트에 맞는 배경과 자막을 사용함
  예) 테니스 선수: 테니스공 느낌의 자막
  　　뷰티 인플루언서: 메이크업이 생각나는 컬러풀한 자막
  　　고급 레스토랑 손님: 고급스러운 색인 골드 톤의 자막
  　　요리 인플루언서: 요리 재료인 크림(Cream) 느낌의 자막
  　　DJ: 리듬을 타며 움직이는 자막
- 글씨체, 색, 움직임 등이 등장하는 캐릭터와 잘 연결됨
- 전반적으로 동영상이 컬러풀하고, 화면 구성이 현란함
  활발한 소비 활동을 보여주는 게 핵심이기 때문임
- 자막의 움직임과 어울리는 경쾌한 리듬의 음악을 사용함

https://youtu.be/9iGWzgc6u6Q

No.18 기부하는 신발 '탐스슈즈'

　　한 켤레의 신발을 사면 한 켤레의 신발을 기부하는 회사 '탐스슈즈 (TOMS)'입니다. 탐스슈즈는 2006년 창업 이후 세계적인 관심을 받아오다 점차 어려운 경영난에 부딪혀 2018년에는 매출이 급감했습니다. 많은 사람이 신발 기부가 어린이를 돕는 데 영향력이 없다고 평가했고, 가난을 이겨낼 방법을 알려주지 않고 신발만 주어서는 변화가 없다고 했습니다. 이는 기업의 진정한 사회적 책임(CSR, Corporate Social Responsibility)을 모르는 것이라는 지적을 받기도 했습니다. 이에 탐스슈즈는 경영방법을 재정비하고, 자신의 진정성을 다시 알리기 위해 광고를 만들었습니다.

　　강요가 아닌 마음의 움직임을 중요하게 생각한다는 것을 보여주기 위해 시청자에게 조심스럽게 다가갔습니다. 친근감이 들도록 원색은 피하고, 꾸밈 없는 담백한 스타일과 손 글씨체를 사용했죠. 독특한 점은 '후반 작업에서 얹힌 자막'과 '촬영 시 소품 안에 넣은 자막' 두 가지 유형을 모두 사용한 것입니다. 딱딱한 설명이나 단조로움을 피할 수 있는 좋은 아이디어인 것이죠.

　　사실 탐스슈즈의 전망은 예측하기 어렵습니다. 하지만 콘텐츠적인 면만 봤을 때, 주체의 성격은 어떻게 파악하고, 시각화하는지를 배우는 좋은 예제임은 분명합니다. 공부에 도움이 되길 바라는 마음에 살펴봤으니 자세히 검토하길 바랍니다.

핵심
POINT

- 기부를 실천하는 브랜드의 정직하고 선한 특성을 나타냄
  전체의 색감이 강한 느낌이 들지 않도록 원색은 피함
  꾸밈없이 담백한 느낌이 드는 폰트와 색을 사용함
- '손 글씨체'와 '타이핑 글씨체'를 혼용함
  기부라는 따뜻한 느낌과 친근감이 들도록 '손 글씨체'를 사용함
  사실을 전달할 때는 정직한 느낌의 '타이핑 글씨체'를 사용함
- 두 가지 유형의 자막(후반 작업 자막, 촬영 소품 안의 자막)을 사용함
  두 가지 조합은 딱딱한 정보전달과 단조로움을 피할 수 있는 좋은 아이디어임

https://youtu.be/7WFt_MaeVno

No.19 어린이 채소 먹기 운동 '베지파워'

채소를 좋아하는 아이는 드문가 봅니다. 영국에서 '어린이 채소 먹기'를 권장하기 위해 'Eat Them to Defeat Them(채소를 이기려면 먹어버리자)' 캠페인을 열었습니다. '베지파워(VegPower)'와 '아이티브이(ITV)'가 함께 진행했고, 홍보 동영상도 만들었습니다. 시청 대상이 아이들인데, 이들에게 '채소가 건강에 좋은 이유' 같은 정보전달 동영상은 별 설득력이 없겠죠. 이미 많이 들어본 '채소 먹어야 똑똑해진다', '채소 먹어야 건강해진다'라고 이야기하는 것도 별 효과가 없을 겁니다. 그래서 베지파워는 아이들이 좋아하는 게임 형태를 빌려와 광고를 만들었습니다.

'아이들 vs. 채소' 구조로 채소 무찌르기 작전을 실행하기 위해 '채소를 먹어버리자'라고 설득하는 겁니다. 아이들의 눈높이에 맞춰 동기부여를 색다르게 한 거죠. 이 홍보 동영상은 국제 광고상을 다수 수상하고 창의력이 좋기로 소문난 영국 광고 대행사 '아담과 이브 디디비(adam&eveDDB)'에서 제작했습니다. '아담과 이브'는 '아이들이 싫어하는 것을 좋아하게 만들자'라는 것보다 '싫어하는 것을 극복하게 하자'에 초점을 두었죠.

전체 분위기는 전투 게임 느낌입니다. 여기에 맞춰 자막도 강인한 느낌이 들게 처리했죠. 하지만 시청자는 (어른이 아닌) 아이들이라 강하게 밀어붙여 부담감을 느끼게 하는 것보다 재미 요소를 섞어 관심을 유지하는 것이 필요했습니다. 그래서 자막 (글씨체와 굵기는 강하지만) 색이나 디자인적 요소는 전반적으로 재미있는 느낌을 유지할 수 있도록 신경을 썼죠.

- 전투 게임 느낌의 동영상임
- 등장하는 인물이 아이들이고, 예상 시청자도 아이들임
  어른이 아니므로 너무 강한 느낌이 들지 않도록 표현함
- 게임 느낌도 함께 유지하려면 재미 요소가 필요함
  전반적으로 강하고 굵은 글씨를 사용하되, 디자인적 요소는 재미있는 느낌이
  들도록 신경을 씀
- 역동적으로 느껴지도록 자막을 사선 방향으로 처리함 (문장 끝이 오른쪽 위로
  올라가도록 배치함)

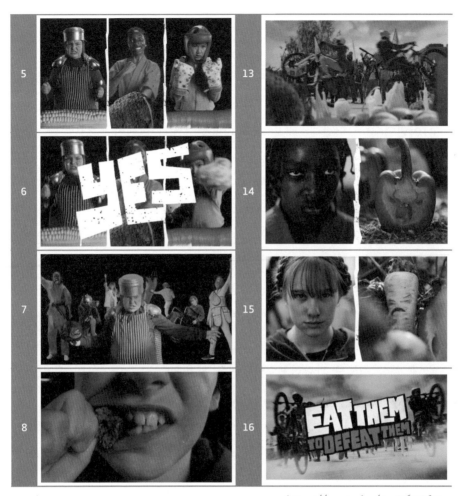

https://youtu.be/AuQ6FGfiFsg

No.20 '어린이 사생활을 지켜주세요' 캠페인

'어린이 구조 연합체(Child Rescue Coalition)'에서 진행한 '어린이 사생활을 지켜주세요(Kids For Privacy)' 캠페인입니다. 어린아이의 배변훈련, 목욕, 옷을 입지 않은 상태 등을 찍어 SNS에 올리는 것은 부모 눈에는 예쁘고 신기한 아이들의 일거수일투족이지만, 범죄자에게는 그렇지 않다는 이야기입니다. 아무리 어린아이라도 그들의 사생활이 무분별하게 노출되어서는 안 된다고 지적하는 거죠.

이를 알리기 위해 동영상 콘텐츠를 만들었습니다. 경각심을 높이려고 아이들의 얼굴과 주요 부분을 가린 사진을 사용합니다. 메시지는 자막으로 전달하는데, 강력한 느낌이 들도록 굵고 큰 글씨로 적었죠. 강조할 때는 화면을 꽉 채울 정도로 과감하게 큰 글씨도 사용했습니다. 아이들이 종이에 손수 적은 'Privacy Please(사생활을 지켜주세요)'도 자막으로 등장하는데, 마치 아이들이 우리에게 직접 말하는 것처럼 들리죠.

아이들이 자막을 들고 있는 사진처럼 동영상에서 움직이지 않는 사진(이미지)을 원본 자료로 사용할 때는 편집의 리듬감을 고려해야 합니다. 자막도 조화롭게 타이밍을 잘 맞춰야 하고요. 자막만 계속 등장하여 한곳에 모여 있는 느낌이 들지 않도록, 순식간에 지나가 읽을 시간을 놓치지 않도록 조절하는 것이 포인트죠.

- 원본 자료가 움직이는 동영상이 아니고 스틸 사진임
  스틸 사진을 사용할 때 자막의 타이밍을 어떻게 조절하는지를 보여줌
- 로고 색에 맞춰 글씨 색은 검은색과 붉은색을 사용함
- 중요하게 생각하는 글씨는 강력하게 어필하기 위해 과감하게 큰 글씨로 적음
- 아이들이 적은 'Privacy Please'를 자막으로 사용함
  아이들이 직접 말하는 것처럼 들리는 효과가 있음

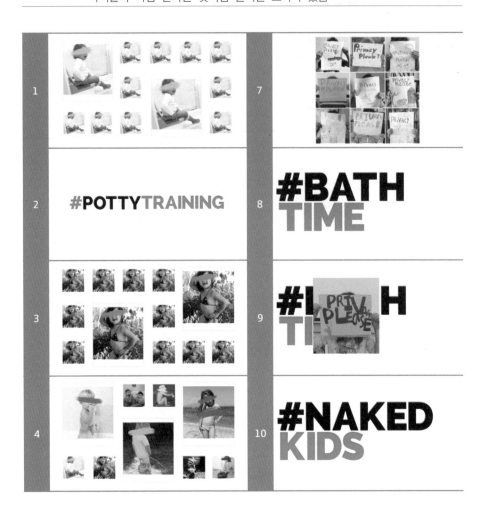

https://youtu.be/xpX5R63eu98

No.21 '현대자동차'의 세상에서 가장 조용한 택시

　　청각장애인이 택시 운전을 안전하게 할 수 있도록 현대자동차에서 특수 센서 장치를 만들었습니다. 자동차 주변에 다른 자동차나 사물이 가까이 오면 위험 요소로 감지하고 운전자에게 알려주는 겁니다. 운전석 앞에 시각자료로 알려주고, 핸들 센서 장치로 위험 상황을 느끼도록 해줍니다. 이러한 신기술을 적용한 택시로 실제 청각장애인 기사분이 운전하였고 이를 광고로 만들었습니다.

　　광고에 사용된 자막은 동영상 전반에 느껴지는 조용하고 진중한 느낌에 어울리도록 꾸밈없이 차분한 글씨체를 사용하였고, 특별한 움직임 없이 정직하게 문장을 전달하였습니다. 한 문장 안에 여러 개의 단어가 사용되는데, 한 번에 읽기 쉽게 자간을 좁혀 가독성을 올렸죠. 특징적인 부분은 문장이 여러 개일 경우에는 자막을 한꺼번에 공개하지 않고 한 줄씩 천천히 등장시킨 겁니다. 동영상 전체 리듬이 빠르지 않기 때문에 자막도 타이밍을 조절하여 차분하게 보여준 거죠. 자막 사용에서는 원본의 흐름과 속도 파악이 중요한데, 이번 예제는 이를 잘 보여주었습니다.

- 자막을 한꺼번에 공개하지 않고 한 줄씩 천천히 등장시켜 충분히 읽을 시간을 줌

  동영상 전체 리듬이 빠르지 않고 여유로워 자막도 그 리듬에 맞춰 한 줄씩 공개하는 것이 효과적임
- '세상에서 가장 조용한'이란 문구는 'TAXI(택시)'라고 적혀 있는 등(Light) 위에 위치시킴

  두 문구가 합쳐져 하나의 자막이 완성됨

  '세상에서 가장 조용한 TAXI(택시)'가 되었음
- 중요 단어는 크기를 키워 심각성을 강조함

  예) 15년
- 스토리에 어울리는 차분한 글씨체를 사용함
- 메시지를 진중하게 전달하도록 글씨에 특별한 꾸밈이나 움직임이 없음
- 화면 전체 색감을 고려하여 글씨가 잘 보이는 밝은색을 사용함
- 한 문장에 여러 개의 단어가 있어 자간을 좁혀 읽기 편하게 함

3 2018.12.01 현대자동차그룹의 기술이	**8** 우리의 기술로
2018. 12. 01 **현대자동차그룹의 기술이**	**우리의 기술로**
4 2018.12.01 현대자동차그룹의 기술이 조용한 택시와 첫 드라이빙을 시작했습니다	**9** 우리의 기술로 30만 청각장애인이 가지게 될 30만 개의 새로운 꿈을
2018. 12. 01 **현대자동차그룹의 기술이** **조용한 택시와 첫 드라이빙을 시작했습니다**	**우리의 기술로** **30만 청각장애인이 가지게 될 30만 개의** **새로운 꿈을**
5 청각장애인이 택시 운전의 권리를 얻기까지 걸린 시간	**10**
청각장애인이 **택시 운전의 권리를 얻기까지 걸린 시간**	**HYUNDAI** **MOTOR GROUP**

https://youtu.be/0dshwSuoa6s

톤 앤드 매너(Tone & Manner) 확인

> 표현 방법: 촬영, 일러스트_ 엘비의 모유 수유 벤치, 사푸토 스프레이 오일

No.22 유축기 브랜드 '엘비'에서 만든 '모유 수유 벤치'

　　동영상 관련 용어 중 '톤 앤드 매너(Tone & Manner)'라는 것이 있습니다. 동영상의 전체 분위기, 느낌, 표현 방식 등을 뜻하며 자막 사용에서 필수적으로 알아야 할 용어죠. 전체 분위기를 알지 못하면 자막의 색, 폰트, 크기, 움직임 등을 정하는 데 어려움이 있습니다. 어울리지 않는 자막은 시청에 방해되고 메시지 전달에도 효율적이지 못하거든요. 톤 앤드 매너가 자막 제작에 왜 중요한지 예를 통해 알아보겠습니다.

　　유축기 브랜드 '엘비(elvie)'는 실외에서 엄마들이 편안하게 모유 수유할 수 있도록 벤치(Bench)를 만들어 캠페인을 펼쳤습니다. 실외 모유 수유 시 편견 섞인 시선에 겁먹거나 걱정하지 않아도 된다는 의미를 담고 있죠. 캠페인을 활성화하기 위해 동영상을 만들었는데요. 벤치를 어디에서 찾을 수 있는지 알려주고, 실제 벤치를 사용하는 아이 엄마 모습을 보여줍니다. 동영상 전체 분위기는 밝고 친근한 느낌이고, 이를 살리기 위해 일러스트(그림)를 사용하여 스토리를 진행했습니다.

자막도 여기에 맞춰 일러스트 느낌이 나도록 적었는데요. 때로는 (정보 전달이 필요할 때는) 가독성 좋은 폰트를 사용하기도 했습니다. 글씨 색은 벤치와 조화를 이루도록 초록색을 택했고, 전반적으로 '모유 수유'라는 콘셉트에 어울리도록 정감 가고 안락한 느낌이 들도록 표현했습니다.

- 실제 벤치 사진 위에 일러스트를 그려 스토리를 진행함
- 일러스트 분위기에 맞는 자막을 사용함
  전반적으로 밝고 친근한 분위기임
- 글씨 색과 글씨체는 일러스트 느낌에 어울리는 것으로 선택함
  벤치 색과 조화를 이루도록 초록색을 사용함
  직접 적은 느낌의 글씨체와 가독성 높은 글씨체를 혼용해서 사용함
- 중요 내용은 큰 글씨로 적거나 기울여서 강조함

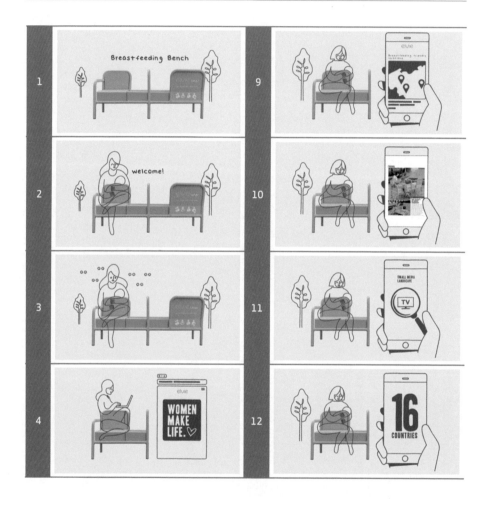

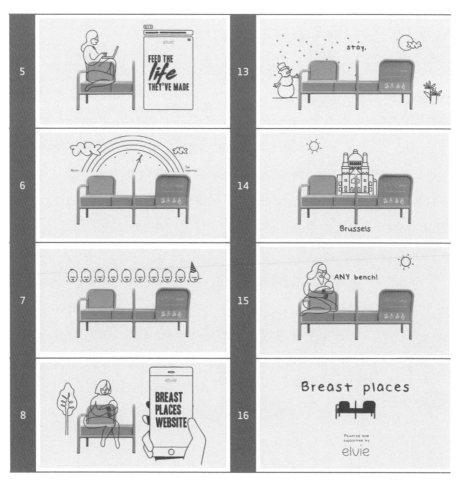

https://vimeo.com/665974224

No.23 식품 브랜드 '사푸토'의 스프레이 오일 (채소 편)

요리할 때 기름을 간편하게 사용하라고 영국 식품 브랜드 '사푸토(Saputo)'는 오일을 스프레이 형태로 만들었습니다. 기름이 식재료에 골고루 묻을 수 있는 것이 큰 장점입니다. 광고에서는 이 부분을 강조하기 위해 식재료(채소, 팬케이크, 베이컨, 달걀)가 사푸토 오일을 만나면 (신나게) 춤을 추게 했습니다. 식재료를 의인화한 거죠. 춤동작과 즐거워하는 표정을 살리려고 장면을 일러스트로 그렸고, 자막도 그 스타일에 맞춰 제작했습니다. 총 세 개의 광고가 시리즈로 만들어졌는데, 편마다 강조할 특징들이 달라 한 편씩 차례로 소개하겠습니다.

시리즈 첫 번째인 '채소 편'에서는 요리 재료(파프리카, 브로콜리, 콩)의 색이 여러 가지여서 이를 잘 보이게 하려고 배경을 조금 어두운 색인 보라색을 사용했습니다. 자막은 밝은 톤으로 하여 보라색 배경 속에서도 잘 읽히도록 했죠. 음악도 신나고 자막도 즐거운 느낌이 들도록 살짝살짝 움직이는 효과도 주었습니다.

핵심
POINT

- 전체 그림과 어울리는 글씨체를 사용함
- 여러 색의 채소들이 잘 보이도록 배경은 밝은색이 아닌 보라색을 사용함
- 글씨 색은 배경과 채소들 사이에서도 잘 보이는 밝은색을 사용함
- 자막에 사용된 단어의 수가 많지 않아 전체 단어를 모두 대문자로 적음
  참고: 일반적으로 문장이 길 때는 문장 전체를 대문자로 쓰는 것보다 소문자를 사용하는 것이 읽는 데 수월함(이때 첫 글자는 대문자를 사용함)
- 신나는 느낌이 들도록 글씨도 음악에 맞춰 조금씩 움직이는 효과를 줌

https://vimeo.com/681644585

No.24 식품 브랜드 '사푸토'의 스프레이 오일 (팬케이크 편)

'팬케이크 편'에서는 글씨 뒤에 그림자(Shadow)를 만들어 입체감을 준 것이 특징입니다. 자막에 그림자를 주는 방법은 (아마추어 제작에서는 흔하지만) 실제 현업에서는 잘 사용하지 않습니다. 글씨가 깔끔하게 보이지 않을 수 있기 때문입니다. 만약 자막이 배경에 묻혀 잘 보이지 않으면 자막 자체의 색을 변경하거나, 자막 뒤의 배경색을 살짝 어둡게 하죠. 특별한 이유가 있지 않은 이상 그림자를 잘 적용하지 않지만, 이번 예제는 예외입니다. 전체가 일러스트로 그려졌기 때문에 자막도 일러스트처럼 느껴지죠. 그래서 자막에 그림자를 추가해도 이 또한 일러스트로 느껴져 어색하지 않습니다. 전체 톤 앤드 매너와 잘 어울려 그림자를 사용해도 무리가 없는 거죠. 자막 글씨에 그림자를 자연스럽게 사용한 점이 돋보이는 예제입니다.

- 팬케이크와 어울리는 배경색을 사용함
- 팬케이크 반죽과 비슷한 느낌의 자막 색을 사용함
  배경이 분홍색 계열이라 자막이 밝으면 잘 안 보일 수 있는데, 이번 경우에는
  자막이 잘 읽히고 색도 배경과 잘 어울림
- 자막에 그림자를 살짝 주어 입체감 있게 표현함
  자막도 일러스트의 일부로 여겨 그림자가 추가되어도 어색함이 없음

https://vimeo.com/681646158

No.25 식품 브랜드 '사푸토'의 스프레이 오일 (베이컨과 달걀 편)

　'베이컨과 달걀 편'의 포인트는 배경과 자막이 모두 밝은 색이라는 겁니다. 배경이 밝을 때 자막도 밝으면 잘 안 읽히겠죠. 그래서 둘 중 하나를 어둡게 하는 게 일반적입니다. 하지만 이번 광고는 배경과 자막 둘 다 밝은 색을 유지하면서도 읽는 데 문제없게 했습니다. 글자에 명암을 주는 방법을 사용했거든요. 앞 예제(팬케이크 편)에서 설명한 '자막의 그림자 사용'과 마찬가지로 '자막의 명암 사용'도 현업에서 흔하게 사용하는 방법은 아닙니다. 특별한 경우가 아니면 글자 색의 조정으로 가독성을 올리려고 하죠. 하지만 이번 예제는 일러스트이기 때문에 글자에 명암을 주어도 전체적으로 잘 어울려 어색함이 없습니다. 전반적인 톤 앤드 매너와 조화를 이루기 때문이죠.

핵심
POINT

- 베이컨, 달걀프라이와 잘 어울리는 밝은 느낌의 배경색을 사용함
- 배경색도 밝고 자막 색도 밝음
  자막을 입체감 있게 하려고 자막에 명암을 줌
  자막이 배경과 분리되어 잘 읽힘
  일러스트 느낌이 전체적으로 적용되어 자막에 입체감을 주어도 어색함이 없음

https://vimeo.com/681646697

No.26 항공사 동맹 '스타얼라이언스' 20주년 기념 광고

'스타얼라이언스(Star Alliance)'는 1997년 결성된 최초의 항공 동맹으로, 아시아나항공, 루프트한자, 유나이티드 항공, 에어 캐나다 등 26개의 회원사가 가입되어 있습니다. 항공은 안전과 서비스 품질이 중요하여 광고를 만들 때도 이 부분을 고려합니다. 이번 예제는 스타얼라이언스 20주년 기념 광고로 오랜 시간 유지해온 자신들의 장점을 신뢰감이 들도록 어필했습니다. 안전, 안락함, 최상의 서비스를 느낄 수 있는 이미지를 사용하면서요. 이미지 보충 설명을 위해 자막도 사용하였는데, 원본 동영상의 고급스럽고 안락한 느낌을 그대로 유지할 수 있도록 깨끗한 톤의 글씨로 적었죠.

독특한 점은 문장 전체를 대문자로 적었다는 겁니다. 자막을 단순히 메시지를 전달하는 글씨로만 여기지 않고 하나의 디자인 요소로 느끼게 하려고 의도한 거죠. 만약 여기서 대문자와 소문자를 함께 사용했다고 생각해볼까요? 문장 전체의 높낮이가 고르지 않을 것이고, 전체 문장이 하나의 깔끔한 선(라인)처럼 보이기 어려울 겁니다. 하지만 전체를 대문자로 적으면 높낮이가 일정한 하나의 선처럼 느껴지죠. 고급스럽고 깔끔한 전체 동영상 분위기에 잘 어울리는 선택을 한 겁니다.

자막에 대문자만 사용할 때는 한 가지 유의할 게 있는데, 글자가 모두 커서 둔탁해 보일 수 있는 점입니다. 이번 동영상에서는 그런 느낌이 들지 않도록 글자를 얇게 처리했죠. 글자의 색은 흰색과 검은색 두 가지를 사용했고, 배경색에 따라 잘 보이게 하려고 배경이 어두울 때는 흰색 글씨로, 배경이 밝을 때는 검은색 글씨로 적절하게 사용했습니다. 글자에 특별한 움직임이나 효과를 사용하지 않고 색의 변형만으로 깔끔하게 가독성을 높였습니다.

- 고급스러운 느낌이 드는 배경 이미지와 글씨체를 사용함
- 배경색에 따라 자막 색이 바뀜
  어두운 배경에서는 흰색을 사용함
  밝은 배경에서는 검은색을 사용함
- 문장에 마침표를 생략함
  일반 인쇄물과 달리 동영상 자막의 '마침표'는 생략 가능함
  (마침표로 인해 전체적으로) 깔끔한 느낌이 방해되지 않게 하려는 것임
  (마침표는 문장을 강조하거나 특별한 이유가 있을 때 사용함)
- 문장 전체를 대문자로 적음
  소문자를 사용하면 높낮이가 달라져 전체 문장이 하나의 깔끔한 형태로 보이
  기 어려울 수 있음
- 둔탁한 느낌이 들지 않도록 얇은 글씨체를 사용함

1

WE DON'T DELAY

2

WE GET TO WORK

3

WHEN MARY LEFT HER MEMORIES
IN COSTA RICA

4

FLYING IN A CHEF TO ADD THAT
MAGIC INGREDIENT

https://youtu.be/qsXSAPdeORg

No.27 강아지 식품 '페디그리'

　　슈퍼히어로물을 생각나게 하는 애니메이션 광고입니다. 하지만 자세히 살펴보면 슈퍼히어로와 반대인 귀여움과 유머가 녹아있는 반전 있는 광고죠. 강아지 식품 '페디그리(Pedigree)'에서 '작은 강아지'를 위한 음식을 알리기 위해 만든 동영상으로, 콘셉트는 '작은 강아지들은 본인이 힘이 센 줄 안다'입니다. 이 귀엽고 재미난 아이디어를 광고 문구(카피, Copywrite)로 옮겨 자막으로 처리했습니다. 'FOR THE SUPERPOWERS THEY THINK THEY HAVE (그들이 믿고 있는 그 슈퍼파워를 위해)'이죠. 자막은 동영상의 시각적인 느낌을 그대로 가져가기 위해 (슈퍼히어로물이 생각나는 듯한) 강한 글씨체를 사용했고, 입체적 효과를 적절하게 주어 생동감을 높였습니다.

- 애니메이션 스타일과 어울리는 자막임
- 슈퍼히어로물의 분위기가 느껴지도록 대문자와 굵은 글씨를 사용함
- 의도적으로 테두리(윤곽선)와 그림자를 사용함
  강한 느낌과 입체감을 줌
- 애니메이션 색과 어울리는 자막 색을 사용함
- 자막을 적절한 곳에 위치시킴
  제품과 주인공을 가리지 않는 위치임
  제품 옆에서 제품을 설명하는 느낌임

https://cdn.musebycl.io/2021−03/Pedigree%C2%AE%20Small%20Dog%20%7C%
20Unintimidator.mp4

느낌 2: 황홀함, 유쾌함_ 아시아나항공, 어메이징 오트

No.28 아시아나항공 '베네치아' 신규취항

　아시아나항공에서 황홀한 느낌의 광고를 만들었습니다. 예술적 감성이 묻어나는 도시인 '베네치아' 신규취항을 알리는 목적으로요. 어둠과 빛의 느낌을 잘 살린 원본 동영상에 맞춰 자막은 하얀색을 사용했습니다. 그리고 감각적인 느낌이 돋보이는 독특한 글씨체를 선택했죠. 주제어인 '베네치아'를 강조할 때는 글씨를 크게 하고 간단한 디자인 요소도 추가하여 눈에 잘 인식되도록 하였습니다.

핵심 POINT

- 전반적으로 황홀한 느낌의 동영상임
- 감성이 돋보이는 글씨체를 사용함
  '베네치아'의 예술적인 느낌을 살리려고 색다른 폰트를 사용함
- 굵지 않게 적당한 두께로 표현함
  너무 굵으면 답답한 느낌이 들 수 있음
- 배경이 밤이어서 하얀색 글씨와 잘 어울림
- 주제어 '베네치아'를 강조할 때는 자막의 위, 아래에 그림도 함께 넣음
  과하지 않은 범위에서 전체 느낌과 어울리는 그림을 선택함

1

나는 내 꿈이 이곳에서 이루어지리라는 생각이 들었다
-마르셀 프루스트-

2

누구나 사랑에 빠질 수밖에 없는 도시
베네치아

https://youtu.be/v3hnhGuJlVs

No.29 매일유업의 '어메이징 오트'

언어유희가 돋보이는 매일유업의 '어메이징 오트' 광고입니다. 정숙하게 차려입은 여성이 갤러리를 관람하다가 '어메이징 오트'를 마시고 '워메~이징 한거!'를 외칩니다. 이 대사는 결국 '어메이징 한 거!'로 바뀌고 이는 제품명인 '어메이징 오트'로 연결되죠.

동영상의 모드(Mode)가 정숙에서 유쾌함으로 바뀌면서 자막도 여기에 맞춰 변합니다. 과감한 색과 폰트로 바뀌고, 글자가 하나하나 살아있는 듯 움직입니다. 확실한 반전 효과를 준겁니다. 전체 동영상 느낌에 따라 자막을 적절하게 변형한 것이 돋보이는 예제입니다.

핵심
POINT

- 동영상이 정숙한 모드에서 유쾌한 모드로 바뀌고, 여기에 맞춰 자막도 바뀜
- '워메~징한거!'부분부터 자막의 색, 폰트, 움직임이 확연히 바뀜
- 유쾌한 느낌을 살리기 위해 자막에 과감한 이펙트를 사용함
  그러데이션이 들어간 색과 글자 뒤 그림자를 사용함
  글자 하나하나가 살아있는 듯한 배열을 함
- 반전 있는 내용답게 자막에서도 확실하게 반전 효과를 줌
  초반에 등장한 'Amazing oat(어메이징 오트)' 자막과 그 이후 등장한 '워메~
  이징한거!' 자막의 느낌이 다름

https://youtu.be/k8S7XnVxusg

No.30 패션 잡지 '글래머'에서 실행한 소비 심리 인터뷰

　　패션 잡지 글래머(Glamour)에서 익명의 여성들에게 설문 조사를 했습니다. '무엇을 살 때 죄책감을 느끼는지'를 물어봤는데, 화장품, 비싼 옷, 자동차 등 다양한 대답이 나왔죠. 이를 인터뷰 동영상으로 만들어 12명의 배우가 재연하도록 했습니다. 그런데 흔히 볼 수 있는 인터뷰 형태와는 다릅니다. 패션 잡지답게 화면 구성에서부터 디자인 요소에 신경을 썼고, 잡지를 보는 듯한 느낌이 들도록 표현했죠. 예를 들면 인물이 말하는 대사를 화면 밑에 적는 대신 왼쪽에 적고, 인물은 오른쪽에 배치했습니다. 일반적인 인터뷰는 대사를 인물 밑에 적고 인물은 화면 가운데에 놓는데, 글래머 인터뷰는 이런 전형적인 형태를 사용하지 않은 겁니다. 그리고 인물은 실제 인물이 아닌 재연 배우입니다. 그들 외모에 특별한 성격을 부여하지 않도록 주의해야 했죠. 그래서 모든 배우에게 검은색 옷을 입혀 의상에서 드러날 수 있는 캐릭터 속성을 배제했습니다. 옷차림이나 외모에서 오는 편견을 없앤 겁니다. 인물의 외모가 중요한 게 아니라 인터뷰 내용이 중요하기 때문이죠.

　　자막도 검은색 계열 이외의 다른 색은 사용하지 않았습니다. 글씨는 크기, 굵기, 명암 정도만 바꿔 깔끔하게 정리했고요. 자막의 효과는 인물이 말하는 속도 그대로 타이핑하는 효과만 있고 불필요한 움직임은 없습니다. 하나의 잡지를 보는 듯한 느낌이 들도록 전체적인 구성이 말끔하고 세련되어 보이게 인터뷰 동영상을 만들었습니다.

- 세련된 스타일의 자막임
  패션 잡지에서 만든 동영상인 만큼 디자인 부분에 신경을 많이 씀
- 관심 있게 볼 글씨는 크고 두껍게 표현함
- 대사는 음성으로도 들리기 때문에 보조적으로 작게 적음
- 검은색 계열 이외의 다른 색은 사용하지 않음
  굵기와 크기 조절만으로도 강조 글씨를 쉽게 알 수 있음
- 자막은 상단과 하단, 두 부분으로 나눠 적음
  상단: 급여, 나이, 직업
  하단: 인터뷰 내용
  두 부분을 구분할 때 둘 사이에 검은색 선만 추가함(깔끔하게 분리되어 보이는 효과가 있음)

https://youtu.be/1vHsO6iCKlY

No.31 KLM 항공사 직원들의 SNS 답변

KLM 항공사는 고객이 SNS에 질문을 올리면 1시간 이내에 빠르게 답변해 주는 24시간 서비스를 시행했습니다. 이 서비스를 알리기 위해 광고도 만들었는데요. 특히 모든 고객의 질문을 소중하게 다룬다는 것을 말하고 싶었습니다. 그래서 독특한 아이디어를 냈는데, 답변을 도화지에 적어 보여주는 겁니다. 도화지 한 장에 알파벳 하나씩 적고, 직원 한 명당 도화지 한 장씩 머리 위로 들어 올려 문장을 완성하는 거죠. 전체 문장이 보이도록 카메라를 높은 곳에서 하이 앵글(High angle)로 찍었습니다. 직원들이 정성을 모아 고객에게 답변한다는 것을 시각적으로 보여주는 겁니다. 얼마나 열심히 고객 요청에 응대하는지 그 서비스를 몸소 보여주었습니다.

핵심 POINT

- SNS 게시물 형태의 독특한 자막임
- 직원들이 고객을 위해 노력하는 모습을 시각화함
- SNS 게시물에 답변하기 위해 도화지에 적힌 알파벳을 직원 한 명당 하나씩 머리 위로 들어 올림
  고객의 사소한 질문도 소중히 다룬다는 것을 보여줌
- 빠르게 답변한다는 것을 보여주면서 정성도 함께 들어있다는 것을 녹여내는 기발한 아이디어임

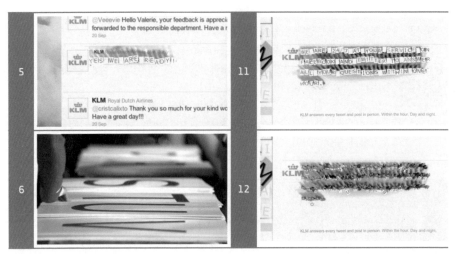

5	11
6	12

https://youtu.be/8JCaI8qjXrs

No.32 BMW 자동차 (재활용 재료로 만든) 카탈로그

BMW i3는 지속 가능한 재료로 만들어진 자동차입니다. 환경을 생각하는 자동차 특징에 맞춰 카탈로그도 재활용 재료로 제작되었습니다. 병을 재활용한 판유리. 나무 조각들로 만들어진 합판, 캔을 사용한 주석, 버려진 커팅보드로 만든 고무, 섬유에서 얻은 새틴(부드러운 견직물), 소파 커버로 다시 만든 합성피혁, 건축 자재 조각에서 얻은 대리석 등을 사용했습니다. 아주 독특한 카탈로그입니다.

그리고 이 카탈로그 제작과정을 동영상으로 만들어 자신들의 특성을 제대로 알렸죠. 각 재료가 어떤 물질에서 얻어진 것인지 알려주는 자막도 함께 사용되었습니다. 전체적인 자막구성은 카탈로그 형태이고, 목차를 구성해 각 물질이 몇 페이지에 있는지도 알려줍니다. 동영상에 자막을 추가해 또 하나의 카탈로그를 완성한 겁니다.

핵심
POINT

- (재활용 재료로 만든) 자동차 카탈로그를 보여줌
- 카탈로그 또한 재활용 재료로 만들어졌음을 알림
- 유리, 합판, 주석, 고무 등 각 재료를 나타낼 때 자막이 함께 사용됨
- 동영상 후반에는 목차처럼 각 재료가 사용된 페이지 목록이 있음
- 카탈로그 형태로 자막을 구성함
  글씨가 깔끔하고 잘 보이게 밝은색을 사용함
  글씨 크기와 굵기 조정으로 키워드를 강조함
- 사물이 놓여 있는 위치와 각도에 맞게 자막의 위치도 바뀜
- 표시선을 사용하여 사물을 정확하게 가리킴

https://www.adforum.com/creative−work/ad/player/34563516/the−
bmw−i3−eco−friendly−catalog/bmw−i3

No.33 '스톱앤샵' 슈퍼마켓 (배달 편)

자막의 움직임이 돋보이는 재미난 광고를 소개합니다. 움직임뿐 아니라 화면 사이즈, 화면 앵글(Angle, 각도) 공부에도 도움이 되는 예제입니다. 미국의 슈퍼마켓 '스톱앤샵(Stop & Shop)'에서 만든 세 편의 시리즈 광고인데요. 온라인 쇼핑으로 쉽게 장보기가 가능하다는 것을 알립니다. 식재료를 판매하는 업체답게 건강과 신선함을 강조하기 위해 전체적으로 밝고 경쾌한 느낌이 들도록 표현했습니다.

자막은 보통 한 영역에서 벗어나 여기저기에 배치하지 않지만, 이번 동영상은 내용에 따라 자막이 여러 번 움직입니다. 주로 화면 왼쪽에서 오른쪽으로 이동하죠. 대칭되는 두 장면을 앞뒤로 이어서 보여주는데, 앞 장면에서는 자막을 왼쪽에 등장시키고, 뒤 장면에서는 자막을 오른쪽으로 이동시킵니다. 이동하는 모습에 집중하게 하려고 자막의 다른 요소인 색과 폰트는 최대한 깔끔한 것으로 선택했죠. 후반부에는 손으로 쓴 것 같은 캘리그래피 (Calligraphy) 형태(핸드라이팅 서체)를 사용하여 메시지를 강조하기도 했습니다.

- 자막의 내용에 따라 좌우 움직임을 사용한 것이 특징임
  자막을 왼쪽에서 오른쪽으로 이동시킴

  SHOP ONLINE(온라인 쇼핑하세요) → ON THE APP(앱도 있어요)
  TO OUR CART(카트에서) → TO YOUR CAR(자동차까지)
  TO OUR CART(카트에서) → OR YOUR DOOR(문 앞까지)

- 움직임에 시선이 집중되도록 자막 색, 폰트는 최대한 단순한 것으로 선택함
- 후반부에 강조할 내용은 캘리그래피 느낌의 글씨(핸드라이팅 서체)를 사용하여
  다른 단어와 구분 지음

  FOR EVERY 'healthy' (모든 '건강'을 위하여)
  FOR EVERY 'moment' (모든 '순간'을 위하여)
  FOR EVERY 'feed the moment' (모든 '먹는 순간'을 위하여)

- (시청자에게 생동감을 전달하기 위해) 시점을 고려하여 촬영함
  차 안에서 배달원을 바라보는 시점으로 촬영함
  문 앞에서 배달원을 바라보는 시점으로 촬영함

https://www.lbbonline.com/news/find–your–healthy–in–stop–
shops–latest–campaign–from–mckinney

No.34 '스톱앤샵' 슈퍼마켓 (상품 편)

　'상품 편'은 카피 내용에 맞춰 자막이 재미있게 움직이는 예입니다. 그리고 단어 라임(Rhyme, 운율)의 사용이 돋보이는 콘텐츠죠. 전 화면과 다음 화면의 라임 연결을 눈여겨보길 바랍니다. 동영상 콘텐츠에서 사용하는 키워드의 중요성을 알 수 있고, 키워드로 스토리를 어떻게 이어나가는지도 함께 공부할 수 있을 겁니다.

- 단어의 뜻과 맞물리는 자막의 움직임이 돋보임
  'FLIP'은 '뒤집다'라는 뜻임, 여기에 맞춰 단어도 뒤집음
  팬에서 음식이 뒤집히는 속도에 단어의 뒤집히는 속도를 맞춤
- 뒤집히는 동작이 잘 보이도록 카메라를 살짝 아래 방향에서 촬영함
- 'DIP(담그다)'이 등장할 때는 사물 가까이에서 촬영함
- 'SOY(두유)'와 'COW(우유)'를 보여줄 때는 아이들 시선에 카메라 높이를 맞춤
  그리고 대상(아이들, 두유, 우유)이 잘 보이도록 가까이에서 촬영함
- 라임(Rhyme, 운율)을 살린 키워드 선택이 감각적임

    FLIP → DIP (끝을 맞춤)
    BERRIES → BARRY (앞을 맞춤)
    BARRY → MARY (앞의 모음을 맞춤)
    MARY → SOY (끝을 맞춤)
    COW → WOW → NOW (끝을 맞춤)

- 라임 사용이 돋보이도록, 또 키워드가 잘 인식되도록 자막에 움직임을 줌

https://www.lbbonline.com/news/find−your−healthy−in−stop−
shops−latest−campaign−from−mckinney

No.35 '스톱앤샵' 슈퍼마켓 (느낌 편)

　　'느낌 편'은 화면에 등장하는 사물의 모양과 인물의 표정에 맞춰 자막을 배치했습니다. 원 모양의 케이크가 등장할 때는 자막이 그 테두리를 따라 곡선을 그리며 등장합니다. 인물의 표정이 중요할 때는 인물 바로 옆에서 표정과 함께 자막을 인식할 수 있도록 합니다. 각 대상의 강조 부분(원 모양과 인물 표정)이 잘 드러나도록 카메라 위치도 신경 썼습니다. 케이크는 위에서 하이 앵글로 촬영했고, 인물은 클로즈업(Close-up)으로 촬영하여 자막과 잘 어우러지도록 했죠.

- 대상의 모양과 조화롭게 자막을 배치함

  원 모양의 음식을 보여줄 때는 원 테두리를 따라 곡선으로 배치함

  (곡선 배치 자막)

  GET INSPIRED(영감을 얻는)

  BE ADMIRED(감탄하는)

- 얼굴을 클로즈업할 때는 자막을 왼쪽에 배치하여 얼굴과 행동이 잘 보이게 함

  (얼굴 클로즈업 자막)

  EAT CLEAN(깨끗하게 싹 먹기)

  SHOP GREEN(녹색 채소 위주로 쇼핑하기)

- 원 모양의 음식을 보여줄 때는 카메라를 (위에서 아래로 향하는) 하이 앵글로 촬영함

- 라임이 돋보이는 카피 자막을 사용함

  GET INSPIRED → BE ADMIRED (뒤의 단어 끝을 맞춤)

  EAT CLEAN → SHOP GREEN (뒤의 단어 끝을 맞춤)

https://www.lbbonline.com/news/find−your−healthy−in−stop−
shops−latest−campaign−from−mckinney

No.36 레저 시설 '리조트 월드 라스베이거스'의 개장 홍보

리조트, 몰, 카지노가 모여있는 '리조트 월드 라스베이거스(Resorts World Las Vegas)'의 오픈 기념 광고입니다. 힐튼(Hilton) 호텔, 콘래드(CONRAD) 호텔, 크록포즈(CROCKFORDS) 호텔을 숙박 시설로 갖고 있고, 호화로운 레저 시설을 자랑합니다. 그 화려함을 동영상으로 담기 위해 다채롭고 광택이 느껴지는 색감을 사용했죠.

배경이 화려할 때는 자막을 어떻게 처리해야 할까요? 최대한 깨끗하고 심플해야 잘 읽힐 겁니다. 하지만 너무 밋밋하면 주변 요소와 어울리지 않고 따로 노는 느낌이 들 수 있겠죠. 깔끔하면서도 전반적으로 톤 앤드 매너를 잃지 않는 균형을 유지하는 것이 중요합니다. 이번 예제는 이러한 맥락에서 살펴보면, 너무 튀지 않으면서도 배경과 어울리게 자막을 적절하게 표현한 좋은 예제입니다.

- 원본 동영상의 화려하고 빛나는 색감과 어울리는 자막임
- 자막을 밤하늘에 별이 빛나는 것처럼 표현함
  'GOOD MORNING FABULOUS(좋은 아침이에요. 멋진 사람들)'
  'STAY FABULOUS(항상 멋지게)'
- 자막에 특별한 움직임이 없음
  빛나는 효과만으로도 전체 동영상의 느낌을 잘 살려줌
- 화면 전체(배경)가 화려할 때는 자막을 따로 사용하지 않음
  가독성이 떨어질 것을 우려하여 사용하지 않음
  자막은 어두운 밤하늘을 보여줄 때만 사용함

https://youtu.be/mQSefEf－FfI

No.37 온라인 쇼핑몰 '아마존'의 새 학기 준비물 소개

　　이번 예제는 자연스럽고 따뜻한 느낌의 조명이 특징인 광고입니다. 온라인 쇼핑몰 '아마존(Amazon)'에서 새 학기 시즌을 맞아 어린이에게 필요한 물품을 준비하라고 말합니다. 등장인물이 어린이고 예상 시청자도 어린이여서 그들에 맞는 따뜻한 조명과 색감이 필요했습니다. 메시지는 최대한 짧고 간결하게 전달하는 게 효과적이었고요. 세 개의 단계로 나누어 1단계는 학용품, 2단계는 양말(옷), 3단계는 가방을 준비하라고 말합니다. 긴 설명 없이 이미지로만 짧게 보여주면서요. 마지막 장면에는 준비를 마친 어린이의 밝은 모습과 함께 화면에 꽃가루 종이가 날립니다. 이때 등장한 자막도 다채로운 꽃가루 색에 맞춰 여러 색이 사용되었죠. 그리고 세로 화면이어서 문장을 적을 때 길게 쓰지 않고, 한 줄에 한 단어만 적었습니다.

- 따뜻한 느낌의 조명을 사용함
- 여러 색이 등장하지만, 전체적으로 톤을 맞춰 조화로운 느낌임
- 글씨 색은 바탕색과 분리되는 색을 사용함
  바탕과 글씨가 분리되어 읽는 데 수월한 효과가 있음
  예) 바탕이 밝을 때는 진한 색 글씨를 사용함
      바탕이 진할 때는 밝은색 글씨를 사용함
- 마지막 자막 'HAPPY SCHOOL YEAR'는 주변 꽃가루 종이와 어울리도록 여러
  색을 사용함
- 세로 화면에 어울리도록 자막을 배치함
  각 단어를 한 줄에 하나씩 배치함
  예) HAPPY (줄 바꿈)
      SCHOOL (줄 바꿈)
      YEAR

https://pin.it/4xWIPaa

No.38 어린이를 위한 치즈 '상하치즈 미니'

한 동영상 안에서 편집의 속도에 따라 자막의 형태(모양)가 바뀌는 예입니다. '상하치즈 미니'는 '공부, 예체능 등으로 바쁘게 사는 어린이를 위한 영양 간식'이라는 콘셉트로 광고를 만들었습니다. 운동하고, 숙제하고, 게임하고, 악기 연주하는 등 아이들의 바쁜 일상을 시각적으로 보여주죠. 이때 바쁨을 강조하기 위해 동영상을 빨리 재생시켜 화면 속 움직임과 내레이션이 모두 빨라졌습니다. 그래서 내레이션을 자막으로 적었는데요. 말이 빨라 전달력이 떨어질 수 있어 이를 화면 밑에 적은 겁니다.

이 동영상에는 '화면 밑 자막' 외에 '다른 유형'의 자막이 두 개 더 있습니다. 그중 하나는 제품을 보여주는 화면에 등장하는 자막입니다. 메인 카피인 'Wait a Mini'를 굵고 큰 글씨로 화면 가운데에 적었습니다. 자막 색은 제품 패키지와 연결되는 색을 선택했죠.

마지막 다른 유형의 자막은 여태까지의 내용을 최종 정리하기 위해 사용됩니다. 앞에 등장했던 자막들(내레이션을 옮겨 적은 자막이나, 제품을 알리기 위한 메인 카피를 적은 자막)과는 다른 느낌의 표현이 필요했습니다. 정리 문구답게 가독성 높은 폰트와 눈에 쉽게 들어오는 색을 선택했고, 제품 위에 자막을 위치시켜 제품과의 연결성도 높였습니다.

자막 외에 편집과 사운드에 관한 참고적인 내용을 추가하려 합니다. 동영상에서 대사(내레이션 포함)는 '전달력'이 생명이죠. 가끔 동영상을 보다 보면 대사가 불분명할 때가 있는데, 소리가 작거나, 발음이 부정확하거나, 너무 빨라 잘 못 알아듣는 경우입니다. 대사가 안 들리면 다시 녹음하거나, 장면을 교체(또는 삭제)하여 시청에 불편함이 없게 해야 합니다. 하지만 작업하다 보면 같은 대사를 수십 번, 수백 번 듣게 되어 별다른 이상이 없다고 느끼게 되죠. 자주 있는 경우는 아니지만 초보자가 종종 하는 실수입니다. 이

실수를 피하려면 모든 작업을 완료한 후에는 시청자 입장으로 돌아가 동영상을 새로운 마음으로 다시 보는 작업이 필요합니다. 제작자가 아닌, 작품을 처음 접하는 사람의 시각으로 한 번 더 점검하는 거죠. 제작하면서 느끼지 못했던 오류를 수정할 수 있는 가장 기초적이면서도 쉬운 방법이니 활용해 보길 바랍니다.

- '쉴 틈 없이 바쁜 요즘 아이들'이라는 콘셉트에 맞게 동영상 전체 흐름이 빠름
- 빨리 재생하여 동영상 속 인물의 행동이 빨라짐
- 내레이션 속도도 빠름
- 제품을 보여줄 때는 일반 재생 속도로 돌아옴
  제품은 광고에서 중요하게 보여줘야 할 대상이어서 이 부분은 정상 속도로 재생함
- 자막은 세 가지 형태로 표현함

첫 번째 자막 형태

- 내레이션이 빠르면 못 알아들을 수 있어 이를 자막으로 적음
- 정확하게 보여주는 데 목적이 있어 심플하게 표현함
- 대사 자막을 적을 때는 보통 화면 밑에 위치시킴

두 번째 자막 형태

- 동영상이 정상 속도로 돌아올 때 등장하는 'Wait a Mini'
  많이 알고 있는 문장인 'Wait a minute'와 발음이 비슷한 카피임
  제품명 'Mini'를 'minute' 대신 사용함
  'Mini' 치즈를 먹을 때 잠시 쉬어가라(기다려라)는 의미도 있음
- 치즈를 보여줄 때는 첫 번째 자막(내레이션을 옮긴 화면 밑 자막)과 구분 지으려고 화면 가운데에 크게 위치시킴
- 자막과 바탕 화면 색은 제품 패키지 색과 연결함
  치즈 포장지 색인 남색, 하늘색, 주황색을 사용함
- 활기찬 느낌이 들게 글자를 살짝 기울임

세 번째 자막 형태

- 마지막 장면에서 제품을 보여줄 때 사용함
- 정리하는 문구를 적을 때 강조하려고 앞부분의 자막과 다른 유형의 자막을 사용함

  (자막)
  '틈틈이 튼튼히'
  '상하치즈 미니'

- 제품 위에 자막을 위치시켜 제품을 강조함

6	게임하다 출출한 시간이 오면!	12	고칼슘으로 튼튼히!
	Wait a Mini!		틈틈이 튼튼히 상하치즈 미니

https://youtu.be/A_0eC1bV7Yw

No.39 고양이 식품 '쉬바'의 산호초 보호 캠페인

위의 예(상하치즈 미니)와 상반되는 호흡이 느린 동영상입니다. 고양이 식품 회사 '쉬바(Sheba)'에서 산호초 보호 캠페인을 실행했습니다. 함께 노력하면 지켜낼 수 있음을 전달하기 위해 'HOPE(희망)'이란 주제어로 홍보 동영상을 만들었습니다.

'HOPE'을 동영상 후반에 드라마틱하게 보여주는데, 이때 속도를 아주 천천히 조절합니다. 'HOPE'이 시청자에게 진중하게 다가갈 수 있도록 신경을 쓴 거지요. 같은 장면을 계속 보여주면 지루할 것을 염려해 화면 앵글과 사이즈에 변화를 주었습니다. 카메라가 대상 가까이에서부터 촬영을 시작하여 점점 멀어지는 겁니다.

- 'HOPE' 글자를 서서히 드러내려고 카메라가 아주 천천히 이동함
  만약 글자를 빨리 드러내거나 처음부터 글자를 모두 공개하면 '희망'이라는 내용이 가벼워질 우려가 있음
- 조금 더 관심 가지도록, 조금 더 지켜보도록 같은 장면을 줌 아웃(Zoom out)함
  서서히 카메라가 대상에서 멀어지며 보여주는 시간을 길게 함
- 주제어를 충분히 보여준 후에는 추가 자막을 그 위에 얹힘
- 추가 자막을 얹기 전, 바탕에 안개를 넣음
  안개를 넣은 이유는 동영상 분위기를 한 번 더 살리기 위한 목적이 있고, 자막이 잘 보이게 하려는 목적도 있음

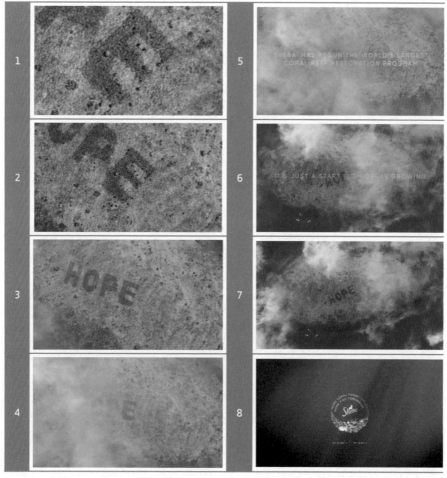

https://youtu.be/Nfhq4b4p1I0

No.40 제과 브랜드 '빔보'의 샌드위치

　　자막으로 톤 앤드 매너를 일정하게 유지하는 방법을 소개합니다. 제과 브랜드 '빔보(BIMBO)'에서 '샌드위치의 힘'이라는 콘셉트로 광고를 만들었습니다. 같은 음식이라도 빵에 넣으면(샌드위치로 만들면) 아이들이 더 좋아한다는 내용입니다. 5명의 어린이에게 두 개의 접시를 줍니다. 한 접시에는 그냥 음식을 담고, 다른 접시에는 그 음식들을 넣어 만든 샌드위치를 담았습니다. 5명 중 한 명만 제외하고 모두 샌드위치로 만든 접시를 선택했습니다. 이를 동영상으로 녹화했고, 부연 설명은 자막으로 대신했죠. 자막은 빔보의 로고 색과 똑같이 흰색 바탕에 파란색과 빨간색 글씨를 사용했습니다. 자막이 있는 장면 어디에 멈춰도 빔보의 실험 동영상이라는 것을 알 수 있는 겁니다. 자막 디자인 하나만으로도 동영상의 톤 앤드 매너를 쉽게 유지하는 방법을 보여준 예제입니다.

- 브랜드 로고가 떠오르는 자막 디자인임
  브랜드의 정체성과 톤 앤드 매너를 일관되게 유지하는 방법임
  흰색 바탕에 파란색과 빨간색 글씨를 사용함
  모든 자막 스타일을 통일함
  자막이 포함된 장면 어디에 멈춰도 '빔보'에서 만든 것임을 알 수 있음
- 배경 이미지와 잘 어울리고 자막이 눈에 쉽게 들어옴
- 여러 가지 자막 스타일이 섞이면 일관된 진행에 방해될 수 있어 통일감 있게
  처리한 것임

https://www.adsoftheworld.com/campaigns/dish−vs−sandwich

No.41 마시멜로 '제트퍼프'

　　말랑한 간식의 대명사 마시멜로 광고입니다. 마시멜로 하면 폭신폭신한 느낌이 가장 먼저 떠오르죠. 마시멜로 브랜드 '제트퍼프(Jet-Puffed)'는 그 폭신한 느낌을 살려 광고를 만들었습니다. 과자, 코코아 등과 함께 다양한 방법으로 먹을 수 있는 걸 보여주면서요. 마시멜로를 귀여운 캐릭터로 만들어 그 분위기를 동영상 전체에 적용했고, 자막도 여기에 맞춰 제작했습니다. 마시멜로처럼 보이게 흰색의 부드러운 느낌 그대로 글자를 만들었죠. 글자에 폭신한 느낌이 들게 입체감을 살렸고, 글자가 통통 튀며 움직이는 효과도 주었습니다. 즐거운 스토리에 맞춰 마시멜로가 통통 튀는 것처럼 느껴지게요.

- 말랑하고 폭신한 느낌의 마시멜로가 연상되는 글씨를 사용함
  자막과 제품의 강한 연결성을 보여줌
- 글씨가 말랑한 느낌이 들게 통통 튀면서 등장
- 입체감이 들도록 명암과 그림자를 적절하게 사용함
- 가독성에 문제없도록(잘 읽히도록) 디자인함
- 초반에 나오는 자막은 캐릭터의 등장과 스토리의 시작을 알리는 역할을 함
  'Welcome To Jet-Puffed(제트퍼프의 세계에 오신 걸 환영합니다)'
- 후반에 나오는 자막은 내용을 정리하는 역할을 함
  'The Fluffy Side of Life(인생에서 솜털같이 폭신한 부분)'

https://youtu.be/9yMxqPw2j50

No.42 유제품 회사 '알라' 우유

우유를 대체할 수 있는 식품이 개발되고, 여러 가지 이유로 이를 피하는 사람이 생겨 유제품 회사의 매출이 예전 같지 않습니다. 덴마크 유제품 회사 '알라(Arla)'는 '우유를 대신할 수 있는 것은 아무것도 없다'라는 콘셉트로 예전 자리를 되찾기 위해 노력했습니다. 광고도 시리즈로 만들어 '오직 우유만이 우유 맛을 낸다(Only milk tastes like milk)'는 카피로 자신을 어필했죠.

이번에 소개할 예제는 그 시리즈 중 하나입니다. 우유를 찾는 사람에게 다른 걸 대신 먹어야 한다고 말하자 실망하는 표정입니다. 마지막에는 알라 제품이 등장하고, 카피 자막을 보여줍니다. 자막은 우유 느낌이 물씬 나도록 액체의 질감을 살려 디자인했습니다. 주인공인 우유를 그대로 잘 표현했고, 스토리의 전반적인 느낌도 잘 살렸습니다.

핵심 POINT	- '우유를 대신할 수 있는 것은 아무것도 없다'라는 콘셉트를 살린 글씨체임
	- 명암과 질감을 잘 살림
	글씨가 액체처럼 느껴지게 함
	- 정직한 느낌 그대로 전달함
	만약 필기체, 기울인 글씨체 등 특별한 효과를 주었다면 메시지 전달력이 지금 처럼 강하지 않을 것임

https://vimeo.com/289512003

No.43 조립식 장난감 '레고'

이번 예제는 장난감 '레고(Lego)'의 엔딩(Ending) 자막입니다. 레고는 어린아이뿐 아니라 성인도 즐기는 조립식 완구입니다. 레고의 트레이드 마크이기도 하고 가장 중요한 특징은 '조립'이죠. 그래서 이 부분을 광고에서도 느낄 수 있게 하려고 자막에 '조립식 움직임'을 적용했습니다. 알파벳 조각들이 화면 밖에서 안쪽으로 날아와 조립되어 글자가 완성되죠.

이 움직임은 레고의 특성을 살렸을 뿐 아니라 이번 광고의 내용도 함축하고 있는데요. 마지막 카피가 'Rebuild the world(세상을 다시 조립하세요)'였거든요. 문장 뜻 그대로 그 문장을 조립한 겁니다. 이번 광고는 몇 초 안 걸리는 자막이라도 꼼꼼하게 계획하고 만든다는 것을 배우는 좋은 예제입니다.

- 조립식 장난감 특성에 맞는 자막의 움직임임
  화면 밖에서 안쪽으로 조각이 날아와 글씨가 조립됨
- 카피 내용과 연결되는 자막의 움직임이기도 함
  'Rebuild the world(세상을 다시 조립하세요)'
- 최종 완성된 자막에 '레고' 블록이 포함되어 있음
  Rebuild에서 'i'
  the에서 't'
  world에서 'o'

https://youtu.be/W−L0n5KUvJQ

제작

Chapter
05

워딩(Wording) 정리

키워드 또는 문장_ 반려동물 식품 제임스 웰비러브드, 올드 스파이스,
프레시팝, 이지젯

No.44 반려동물 식품 '제임스 웰비러브드' (고양이 편)

이제 본격적인 자막 제작 단계로 들어왔습니다. 자막의 위치를 정하고, 크기를 키우거나 줄이는 작업을 하는 단계입니다. 그런데 본격적인 작업을 시작하기 전에 자막 내용은 어떻게 정해야 하는지 생각해 본 적 있나요? 내레이션이나 인터뷰 자막은 들리는 그대로 적으면 되지만, 그 이외 자막은 제작자의 창의력이 발휘되는 창작 영역이기도 하거든요. 사실 프로가 아닌 이상 아마추어는 '동영상 보면서 떠오르는 대로 적으면 되겠지', 혹은 '시청자가 이해 못 할 수도 있으니 최대한 구체적으로 적어볼까?'의 생각이 대부분일 겁니다. 하지만 이제는 자막을 구체적으로 공부하고 있는 만큼 메시지 전달력을 좀 더 높여야겠죠. 자막 제작에 업그레이드가 필요합니다. '(단어 하나만 봐도) 그저 그런 일반 동영상과는 다르게(차별성 있게)', '(단어를 잘 조합해) 누가 봐도 이해하는 데 문제없게' 하는 것이 이번 장의 목표입니다.

그 목표를 향한 첫 번째 예로 합성어를 키워드로 내세운 광고를 소개합니다. 영국의 반려동물 식품 브랜드 '제임스 웰비러브드(JAMES WELLBELOVED)'

에서 만든 동영상인데요. 1992년부터 고객에게 꾸준하게 사랑받아오며, 동물의 영양과 건강을 중요하게 이야기해 온 회사입니다. 이번 광고에서도 그 점을 강조했고, 이를 함축적으로 표현하기 위해 키워드를 만들었죠. 키워드는 'wellchuffed(기분이 아주 좋아진, 아주 만족스러운)'입니다. 두 단어 'well(아주, 잘)'과 'chuffed(즐거운, 기쁜)'를 합쳐 합성어를 만들었습니다.

'제임스 웰비러브드' 로고

제품의 브랜드명을 보면 'Wellbeloved'라는 단어가 있습니다. 'well(아주, 잘)'과 'beloved(사랑받는)'가 합쳐진 합성어이지요. 이미 잘 알려진 브랜드명과 같은 방법으로 키워드를 제작한 겁니다. '우리 식품을 먹으면 고양이가 건강해지고 기분이 좋아질 거예요'를 한 단어(wellchuffed)로 축약한 거죠.

- 키워드가 만들어진 이유와 과정을 이해해야 함
  'well' + 'chuffed'
- 브랜드명에서 가져온 아이디어임
  'well' + 'beloved'
- 원본 동영상은 심플하게 장면 하나로 이루어짐
  고양이를 천천히 클로즈업하는 장면 하나임

https://youtu.be/28WylbjVnV8

No.45 반려동물 식품 '제임스 웰비러브드' (강아지 편)

　'강아지 편'에서는 자막의 위치, 크기, 폰트 중심으로 살펴보겠습니다. '고양이 편(zoom in)'과 마찬가지로 전체 풀 숏(Full shot)에서 점점 대상에 가까이 가는 줌 인 방법으로 촬영했습니다. 자막도 고양이 편과 똑같이 동물 얼굴 위에 올려놓았습니다. 화면 좌우로 꽉 채워 강조한 형태로요.

　일반적으로는 자막이 주인공 얼굴의 많은 부분을 가리게 되면 화면의 다른 곳에 배치합니다. 시청에 방해되기 때문인데, 이번 경우는 예외입니다. 처음부터 우리에게 주인공 전체 모습을 자세히 보여주어 이해하는 데 무리 없는 상태를 만들었습니다. 줌 인했지만 천천히 이동하여 이미지가 인식될 시간이 충분히 있었죠.

　키워드를 화면 중앙에 크게 넣은 이유는 임팩트 있게 전달하려는 목적이 있습니다. 그리고 폰트는 '꺾임이 있는' 글씨를 사용했는데요. '꺾임이 있다'는 좀 생소한 문구일 겁니다. '삐침(부리, 돌기)이 있다'라고도 말하고, 이러한 글씨를 세리프(Serif)체라고 합니다. 삐침이 없는 글씨는 산세리프(Sans-serif)체라고 하고, 산(Sans)은 프랑스어로 '없음'을 의미합니다. 아래에 자세히 설명하도록 하겠습니다. 이해를 돕기 위해 먼저 '세리프'와 '산세리프'를 비교해 보겠습니다.

꺾임이 있는 경우 세리프(Serif)

꺾임이 없는 경우 산세리프(Sans-serif)

　아랫줄의 '꺾임이 없는 경우'는 글자 획의 두께가 일정합니다. 하지만 윗줄 '꺾임이 있는 경우'는 'ㄲ, ㅓ, ㅇ, ㅣ, ㅁ, ㅆ, ㄴ, ㅡ, ㅕ, ㅜ'로 글자를 분해해서 보면 한 획 안에 굵은 부분과 얇은 부분이 함께 있는 것을 알 수 있습니다. 'ㅇ'은 위에 꼬리처럼 올라온 부분도 있고, 모음인 'ㅓ', 'ㅣ', 'ㅡ',

'ㅕ', 'ㅜ'는 획의 시작 부분이 살짝 휘어 있죠. 이처럼 꺾임이 많은 글씨는 동영상에서 자막으로 사용하면, 빠르게 '획' 읽히지 않고 눈에 들어오는 데 시간이 좀 걸립니다. 그래서 대부분의 동영상 자막은 특별한 이유가 있지 않은 이상 꺾임이 없는 형태의 자막을 사용합니다. 인쇄물인 책에서는 많은 글씨가 적혀있어 눈의 피로감을 줄이려고 오히려 산세리프보다는 세리프를 선호합니다. 그리고 책은 읽는 사람의 통제하에 시간 조절도 가능하여 꺾임이 있는 글씨체를 써도 무리가 없습니다.

그러면 동영상에서는 꺾임이 있는 글씨체를 사용할 수 없을까요? 아닙니다. 그 글씨체가 가진 장점을 이용할 때는 일부러 사용하기도 하죠. 책하면 떠오르는 느낌이 무엇인가요? 장르와 종류에 따라 다르겠지만, 일반적으로 '책'하면 '정보', '학문', '전문성', '유익함', '신뢰' 등이 떠오를 겁니다. 인쇄물에 많이 사용되는 글씨는 '클래식(Classic, 고전적인)'한 느낌도 전달해 주죠. 그래서 이번 광고도 그 글씨의 장점을 이용하기 위해 'wellchuffed'를 꺾임이 살짝 있는 글씨로 표현한 겁니다. 정통성 있는 브랜드에서 신뢰와 고급스러움을 어필한 거죠. 일반적인 동영상에서는 반려동물이 등장하면 예쁘고 귀여운 느낌의 이미지를 강조하지만, 이번 광고는 다소 진중하면서도 편안한, 또 고급스러운 느낌이 중요하기 때문에 자막에서도 이 부분을 나타낸 겁니다.

- 자막을 화면 좌우에 꽉 차게 크게 강조함
  일반적으로 주인공의 얼굴을 가리면 자막은 다른 곳에 둠
  하지만 이번 동영상은 주인공의 모습을 미리 보여주어 자막이 얼굴 위에 있어
  도 문제없음
- '꺾임이 있는' 글씨를 사용함
  진중, 편안함, 고급스러움을 살리기 위해 사용함
- 글자 색은 주변 바탕과 잘 어울리는 색을 사용함
  로고 색과도 잘 어울림

https://youtu.be/n8iWHHPjwgo

No.46 남성용 목욕용품 '올드 스파이스'

    독특한 광고를 잘 만들기로 유명한 미국의 남성용 목욕용품 '올드 스파이스(Old Spice)'입니다. 이번 예제의 포인트는 마지막 장면입니다. 일반적으로 광고의 마지막 장면은 주요 카피 문구와 함께 로고가 등장합니다. 로고가 등장하지 않을 경우는 내레이션이 나오거나 브랜드명을 자막으로 적지요. 또는 로고가 새겨진 제품을 직접 보여주기도 합니다. '브랜드 알리기'는 광고 콘텐츠에서 가장 중요한 부분이죠. 광고가 아닌 스토리가 있는 동영상에서도 마찬가지로 가장 중요하거나 강조할 문구를 자막으로 표현하는데, 이때도 동영상의 하이라이트 부분에서 보여줍니다. '올드 스파이스'도 다름없이 자신들의 중요한 로고를 항상 동영상 마지막에 배치했습니다. 로고를 직접 보여주지 않을 때는 제품을 통해 보여주기도 했죠.

마지막 장면에 로고를 보여주는 '올드 스파이스' 광고 세 편(동그라미로 로고 위치 표시)

https://youtu.be/owGykVbfgUE
https://youtu.be/uLTIowBF0kE
https://youtu.be/t5uSzjI87rs

    그런데 이번 동영상에서는 조금 독특한 방식으로 마지막 장면을 연출했습니다. 로고는 잘 보이지 않을 정도로 작게 했고, '스웨거(Swagger, 으스대며 걷기, 뽐내기, 멋진척하기)'라는 단어는 크고 화려하게 등장시켰습니다. 물론 제품이 나오긴 하지만 로고를 인식하기도 전에 사라지고 '스웨거'만 계속 남아 있습니다. 키워드를 로고보다 더 강조한 보기 드문 선택인 거죠. 그만큼 키워드가 중요하다는 이야기이고, 이번 편을 계기로 '스웨거'라는 단어로 올드 스파이스를 기억시키겠다는 의미도 있는 겁니다.

광고의 내용은 주인공이 금요일인데도 사무실에서 혼자 야근하고 있자 친구가 찾아와 탈출시킵니다. 사람들이 모인 루프트톱 바(Rooftop Bar, 건물 옥상에 있는 술 가게)에 주인공을 데려다 놓고 피아노를 멋지게 치게 합니다. 주인공이 '스웨거'할 수 있게, 즉 뽐낼 수 있게 도와준 겁니다. 내용 전체가 키워드인 '스웨거'로 함축되죠. 마지막 장면에 '스웨거' 자막을 네온사인처럼 강조하는 이유입니다.

키워드를 작성할 때는 다른 글자의 도움 없이 그 하나로 설명이 가능할 만큼 대표성이 있어야 합니다. 로고를 덜 강조하고 '스웨거'를 오히려 더 강조한 이번 예제가 키워드의 중요성을 잘 알게 해줍니다. 참고로 '스웨거'를 강조한 올드 스파이스 광고는 피아노 치는 주인공 말고도 다른 편의 시리즈가 여러 개 있으니 이 부분도 함께 살펴보면 도움이 될 겁니다.

핵심
POINT

Swagger 자막

- 로고보다 키워드를 더 크고 화려하게 보여줌
  이번 편에서는 '스웨거(뽐내기)'를 중점적으로 어필하려는 목적이 있음
- '스웨거'를 강조하기 위해 붉은색 네온 효과를 줌
- 글씨는 필기체 스타일을 선택함
  말 그대로 '스웨거'를 느낄 수 있도록 표현함
- 필기체 느낌을 더욱 살리려고 글자를 사선 방향으로 배치함

일반 자막

- '스웨거' 위에 깨끗한 폰트와 하얀색 글씨로 보조적인 내용을 적음
  'NEVER LET A FRIEND LOSE HIS'
- 밑에 '스웨거'가 기울인 형태라 위의 자막도 사선 형태로 배치함
- 맨 윗줄에 있는 브랜드 로고인 'Old Spice'는 일부러 강조하지 않음
  '스웨거'보다 작게 표시함

1

-Old Spice-

NEVER LET A FRIEND LOSE HIS Swagger
친구가 '스웨거(뽐내기)'를 잃지 않게 도와주세요

https://youtu.be/Im8BG_LJRQQ

No.47 아모레퍼시픽 샴푸 '프레시팝'

'멋있는 옷', '예쁜 집', '신선한 채소'. 앞의 단어들이 혹시 특정한 제품(브랜드)명처럼 들리나요? 일상대화에서 흔히 사용하는 문구여서 무언가를 특별히 명칭한다고 생각하기 어려울 겁니다. 독특하면서도 기억하기 쉽게 제품(브랜드)명을 만드는 게 중요한데, 이를 위해 뜻이 쉬운 단어들을 평소에 잘 듣지 못하는 형태로 합치기도 합니다. 이번 예제는 그 방법을 잘 사용하여 샴푸 이름이 '프레시팝(FRESH POP)'이 되었습니다. '프레시'와 '팝', 각 단어는 많이 들어봤지만, 평소에 둘을 붙여서 사용하지는 않죠. 독특한 형태로 색다른 인상을 심어주기에 좋은 이름입니다.

프레시팝은 시장에 있는 많은 샴푸 중, 자신을 꼭 써야 하는 이유를 알리고 싶었습니다. 그래서 제품의 가장 큰 특징 중 하나를 내세워 광고를 제작했죠. '밤에 감아도 좋은 샴푸'. 이 부분을 집중적으로 어필하려고 노래와 키워드도 만들었습니다. '**밤**에 **감**아도 좋은 **샴**푸'에서 라임을 맞출 수 있는 단어를 선택해 키워드 '밤감샴'을 만들었습니다. '밤', '감', '샴'에 모두 'ㅁ' 받침이 있어 라임이 잘 이루어져 기억하기에도 좋은 선택을 했습니다.

핵심 POINT

- 기억할 수 있는 닉네임으로 키워드를 만듦
  대상(프레시팝)의 특징 중 가장 큰 것 하나만 정함
  독특한 닉네임이 있으면 제품을 기억하기 쉬움
- 라임에 맞춰 줄임말을 만듦
  '밤에 감아도 좋은 샴푸'에서 라임을 맞출 수 있는 단어를 선택함
  '밤', '감', '샴' 모두 'ㅁ' 받침이 있어 라임이 잘 이루어짐
  제품명 '프레시팝'에서 마지막 글자 '팝'과 비슷한 느낌의 라임을 사용함
- 마지막 장면에서는 제품 모양에 맞춰 키워드 '밤감샴'을 세로로 배열함
- 자막 전체 스타일은 노래 가사가 들릴 때 자막 색이 변하도록 함
  사람들에게 많이 알려진 노래 가사 자막 (노래방) 스타일을 적용함

1 왼쪽 두피 팝	5 밤감샴
2 정수리도 팝	6 밤에 감아도 좋은 샴푸
3 여름밤	7 밤감샴

| 4 | 뭘로 감을거샴? | 8 | 프레시팝 그린허브레시피 |

뭘로 감을거샴? 프레시팝 그린허브레시피

https://youtu.be/36Gme2V3vLw

No.48 유럽 항공사 '이지젯'

　　동영상 후반에 내용을 총정리하며 마치고 싶을 때, 대사(내레이션)와 자막 중 어느 것을 사용해야 할까요? 동영상 성격에 따라 다르겠지만, 일반적으로 전반부에 대사가 등장한 적이 없다면 대사보다는 자막 사용이 효과적일 겁니다. 뜬금없이 사람 목소리가 불쑥 나오면 많이 어색할 테니 자막으로 전체 분위기를 깨지 않고 자연스럽게 스토리를 마무리해야겠죠. 물론 자막 없이 이미지만으로 스토리 전달이 충분하다면 언어적 표현 없이 끝나도 됩니다. 하지만 이번 광고에서는 앞에 등장한 이미지들을 정리해주는 문구가 필요했고, 그 문구로 내용을 조금 더 풍성하게 만들고 싶었습니다.

　　유럽 항공사 '이지젯(easyJet)'은 자신의 항공을 이용하면 즐겁고 꿈같은 일이 벌어진다고 말합니다. 이를 시각적으로 표현하기 위해 다양한 상황들을 보여주죠. 알록달록한 꽃으로 뒤덮인 사람이 뛰어다니고, 회전목마 타는 사람들이 등장합니다. 그 속에서 주인공도 아무런 걱정 없이 신나게 놉니다. 마법처럼 장소가 갑자기 해변으로 변하기도 하고, 스키장으로도 변합니다. 하지만 이는 실제 벌어진 일이 아니었습니다. 이지젯에 타고 있던 승객의 행복한 상상이었던 거죠.

　　환상에서 현실로 돌아오는 스토리 구조로, 동영상을 마무리할 때 (현실로 돌아왔을 때) 앞의 내용을 정리하는 문구가 필요했습니다. 마지막에 자막을 사용하는데, 질문 형태의 문장을 적었죠. 'Why not(왜 안 되겠어요?)'인데요. 간단하지만 여러 의미를 포함한 문장입니다. '당신도 왜 이렇게 안 되겠어요? (당신도 이렇게 느낄 수 있어요)'라는 뜻과 '왜 이런 일들이 실제로 안 일어나겠어요? (이지젯을 이용하면 이런 일들을 겪을 수 있어요)' 등의 의미가 있죠. 동영상 앞부분의 화려한 이미지들을 마지막에 한 문장으로 깔끔하게 마무리 지었습니다.

핵심
POINT

- 대사(내레이션)가 없을 때 자막으로 스토리를 마무리하는 방법임
  전반부는 직접적인 설명 없이 이미지로 스토리를 전개함
  종료 시점에서 스토리를 정리할 때 자막을 사용함
  'Why not(왜 안 되겠어요)?'
- 자막은 앞의 내용과 연결되는 데에 무리가 없어야 함
- 시청자에게 질문하는 형태(시청자와 대화하는 형태)로 마무리함
  대화 형태여서 일반 글씨체보다는 캘리그래피 스타일로 표현함
- 마지막 짧은 순간이어서 길지 않게 짧은 문장으로 함축적으로 표현함

https://youtu.be/IrVjhl1Gv1A

No.49 '벤츠' 자동차

　　동영상 자막의 '마침표' 사용에 대해 알아보겠습니다. 인터뷰 자막은 화면 속 말하는 사람의 대사를 정확하게 전달하려는 목적이 있어 말하는 그대로 화면 아래에 적습니다. 문장이 길어지기도 하고, 문장과 문장을 구분짓기 위해 마침표를 사용하지요. 하지만 인터뷰가 아닌 일반 동영상에서의 자막은 화면의 왼쪽, 가운데, 오른쪽 등에 위치합니다. 자막을 강조할 때는 크기를 키워 화면을 꽉 채우기도 하죠. 이러한 자막에는 마침표를 거의 사용 안 합니다. 쉼표, 느낌표, 물음표 등은 내용을 전달하는 데 중요한 요소여서 사용하지만, 마침표가 없어도 문장이 끝난 것을 알고 이해하는 데 문제없으면 마침표는 생략합니다. 자막은 디자인 면도 중요하여 마침표가 깔끔한 느낌에 별 도움 되지 않는다면 생략하는 겁니다.

　　하지만 꼭 사용할 때가 있습니다. 문장의 내용을 강조할 경우입니다. 정말 중요하고, 메시지의 내용이 진중하고, 정중하게 전달해야 하고, 더 이상의 설명은 필요 없을 정도로 간결한 뜻이 내포됨을 알릴 때는 마침표를 사용합니다. 이 느낌을 더 강하게 하려고 마침표 크기를 키우기도 하죠.

　　이번 예제는 마침표를 사용한 광고입니다. '벤츠' 자동차에서 '에어 서스펜션(Air suspension)' 기능을 강조하는 광고를 만들었습니다. '에어 서스펜션'은 공기 압력을 사용한 현가장치로 노면의 충격을 승객이 받지 않도록 도와주는 역할을 합니다. 광고에서는 자동차 안에 있는 푸딩(투명하면서 말랑말랑한 디저트)이 움직이지 않을 정도로 안정감 있다고 보여주죠. 이러한 기술력을 강조하기 위해 동영상 후반에 자막을 사용했는데, 이때 문장 끝에 마침표를 찍었습니다. 자동차는 안전과 신뢰를 바탕으로 하는 품목이어서 메시지 전달을 신중하게 하려고 노력합니다. 벤츠는 브랜드가 가진 고급스러움을 유지하며 정중하게 사실을 전달하기 위해 마침표를 사용했죠.

그리고 이번 예제에서는 폰트(서체)도 눈여겨보길 바랍니다. 규모가 큰 브랜드는 자체적으로 서체를 개발하여 사용하는데, 벤츠도 자신들의 서체가 있죠. 벤츠 로고에서 볼 수 있고, 홍보물 등 벤츠와 관련된 자료에서도 자주 접하는 글씨체입니다. 2017년에는 한국 벤츠에서 한글날을 맞이해 서체 2종을 만들었습니다. 자세히 살펴보면 브랜드와 폰트의 관련성을 공부하는 데 도움 될 것입니다.

'벤츠' 로고 (위 그림)
벤츠 한국 홈페이지에서 제공하는 '벤츠 한글 서체' (아래 그림)

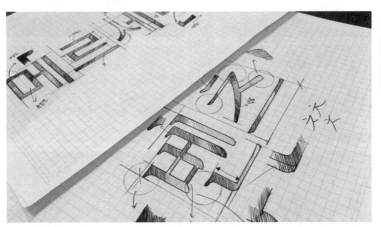

https://www.mercedes−benz.co.kr/passengercars/the−brand/mercedes−benz−kr−font/stage.module.html

- 강조할 단어는 모든 스펠링을 대문자로 적음

The new Vito.

With AIRMATIC air suspension.

자막 중 'AIRMATIC'은 모두 대문자를 사용함

- 마침표를 사용하는 이유는 안전과 신뢰가 중요한 자동차의 성능을 이야기하기 때문임

그 내용을 적은 자막도 그와 같은 느낌이 들도록 진중하게 표현한 것임

- 두 줄을 한 번에 공개하지 않고 한 줄씩 등장시킴

천천히 자막을 보여줌

자막에 호흡을 길게 주는 경우는 시청자가 주의 깊게 봐주길 바라는 목적이 있음

- 자막이 등장할 때 다른 배경 이미지 없이 깔끔하게 검은색 단색 배경을 선택함

진중한 느낌을 더욱더 살려줌

자막에만 시선을 집중시키는 효과가 있음

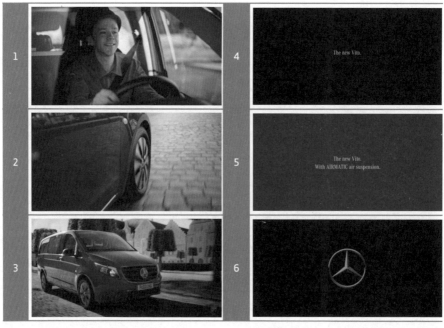

https://vimeo.com/683732025

No.50 '아우디' 자동차

　'벤츠'와 마찬가지로 자막에 마침표를 사용한 '아우디' 광고입니다. 아우디 역시 자체적으로 개발한 폰트가 있고, 이 폰트를 사용할 때는 어떤 규칙을 따라야 하는지 자세한 지침서도 있습니다. 공식 홈페이지에 홍보 자료에 들어갈 문구의 위치, 형태, 정렬 등을 예시와 함께 제공하고 있으니 살펴보면 이미지와 글자의 레이아웃(Layout, 그림과 글의 배열)을 공부하는 데 도움이 될 것입니다.

'아우디' 홈페이지에서 제공하는 폰트와 사용 방법

https://www.audi.com/ci/en/intro/basics/typography.html

이번 광고에서는 '마침표 사용'과 함께 '자막의 정렬'을 주의 깊게 보길 바랍니다. 벤츠는 자막을 화면 '중앙'에 '가운데 정렬'로 놓았는데, 아우디는 화면 '왼쪽'에 '왼쪽 정렬'을 했습니다. 이는 자사 타이포그래피 사용 지침을 따른 것으로, 아우디는 대소문자를 혼합하여 왼쪽이나 오른쪽 정렬로 배치하는 것을 선호한다고 합니다. 때에 따라서 가운데 정렬을 사용하기도 하는데, 특히 동영상 광고에서는 가운데 정렬이 자주 등장하죠.

'아우디' 홈페이지에서 제공하는 예시 자료

자막 왼쪽 정렬 예시   자막 왼쪽 정렬 예시

자막 오른쪽 정렬 예시   자막 오른쪽 정렬 예시

https://www.audi.com/ci/en/intro/basics/typography.html

자막을 '가운데 정렬'한 아우디 동영상 광고

https://youtu.be/Mt6HJBAbSYg

이번 예제로 다룬 동영상은 정렬을 '왼쪽 정렬'로 했고, 자막의 위치를 화면 '왼쪽'에 두었습니다.

(자막)

Precision.

It runs in the family.

왜 왼쪽 화면에 왼쪽 정렬을 택했을까요? 정렬을 오른쪽 정렬로 선택할 수 있고, 위치도 화면 왼쪽이 아닌 중앙이나 오른쪽에 둘 수도 있는데요. 물론 아우디가 이 당시 자막을 화면 왼쪽에 두는 것을 선호한 경향도 있지만, 앞 장면과의 연관성을 생각하면 그 이유를 더욱 정확히 알 수 있습니다. 자막이 등장하기 바로 전 장면에서의 자동차 이동 방향과 관련 있는데, 자동차가 화면 밖으로 사라질 때 방향을 왼쪽으로 이동했기 때문입니다. 주인공이 왼쪽으로 사라졌으니 시청자의 시선도 왼쪽에 머물러 있겠죠. 이 점을 고려한 겁니다. 자동차가 지나가고 난 다음의 자막도 화면 왼쪽에 왼쪽 정렬로 등장시키면 시청자가 읽기 편하겠죠. 자막의 위치를 정할 때 '앞 장면과의 연관성이 왜 중요한지', 또 '시청자의 시선을 왜 고려해야 하는지'를 알게 해 주는 좋은 예제입니다.

https://youtu.be/7UCd2PCLZKo

Chapter 06

1차 스타일 잡기: 기본

폰트_ 익스피디아, 버진 홀리데이즈, 그린피스의 기후변화 경고 게임

No.51 여행 관련 온라인 예약 사이트 '익스피디아'

어떤 폰트를 사용해야 동영상의 느낌을 잘 살리고, 메시지를 전달하는데 효율적일까요? 아마 대부분의 제작자가 자막 작업 시 폰트 고민을 가장 많이 할 겁니다. 유료폰트를 사용한 경험도 있을 거고요. 폰트와 관련해서는 앞 장들에서 다양한 경우와 이유를 설명하여 어느 정도 개념은 이해했을 겁니다. 이번 장은 폰트를 집중적으로 다루는 영역인 만큼 (전체 동영상에 어울리는 폰트같이) 전반적인 내용을 이야기하기보다, 특정한 장면 하나를 골라 그 순간 그 폰트가 왜 필요했는지 세부적으로 살펴보겠습니다.

첫 번째 예는 '익스피디아(Expedia)' 광고입니다. '익스피디아'는 항공, 숙소, 렌터카를 온라인으로 예약할 수 있는 사이트로 앱도 제공하고 있습니다. 익스피디아에서는 여행 이야기를 광고로 담고 싶었습니다. 드라이빙, 등산, 수영, 호텔 룸서비스 등 여행에서 경험할 수 있는 장면들을 하나의 영화처럼 보여주고 싶었죠. 그래서 광고 도입부에 영화 제목처럼 느끼게 하려고 "Let's take a trip(여행 갑시다)"이라고 자막을 적었습니다. 제목 느낌이 나는 폰트를 사용하여 기울인 형태로 크게 적었죠. 바로 위에 또 다른 자막인 'Expedia presents(익스피디아가 소개합니다)'와 비교해서 보면, 일부러 다른 유형의 폰트를 제목으로 사용한 것을 쉽게 알 수 있습니다.

- 영화 제목 같은 폰트를 사용함
  "Let's take a trip."
  앞으로 펼쳐질 내용이 한 편의 영화처럼 느껴지는 효과가 있음
- 동영상 자막에서 보기 드문 글씨체를 사용함
  특별한 목적(제목으로 사용)이 있으므로 사용 가능함
- 만약 문장이 길어지면 시청자에게 읽는 시간을 더 주어야 함
  혹은 조금 더 가독성 높은 글씨체를 사용해야 함

Expedia presents
"Let's take a trip."

https://youtu.be/5uq7Bm_XQjs

No.52 여행 전문 회사 '버진 홀리데이즈'

이번에는 동영상 후반에 등장하는 특별한 자막의 예입니다. '버진 그룹 (Virgin Group)' 중 하나인, 여행 전문 회사 '버진 홀리데이즈(Virgin HOLIDAYS)' 의 광고입니다. 시청자에게 동화 같은 장면을 보여주며 여행의 꿈을 키우게 하죠. 거인이 되어 자동차를 스케이트보드처럼 타며 경치를 즐기고, 구름 위 에서 그네도 탑니다. 잠수함도 타고, 바다 위에서 회전목마도 타고, 종이로 접은 돛단배로 항해하는 등 멋진 장면이 펼쳐집니다. 그리고 마지막에는 'The World IS YOUR PLAYGROUND(세상은 당신의 놀이터예요)'라고 마무리 짓습니다.

'The World(세상, 세계)'는 여행사와 긴밀하게 연결되는 단어입니다. 사람 들이 세계의 다양한 곳을 여행할 수 있게 도와주는 게 여행사의 목적이니까 요. 이 단어를 강조해야 하는데, 어떤 효과를 주어야 전체 톤 앤드 매너를 유지하면서 자연스럽게 어필할 수 있을까요? 우선 크기를 키울 수 있겠죠. 하지만 앞에서 펼쳐진 꿈같은 세계에 대한 느낌을 이어가며 마지막에 임팩 트 있게 강조하려면, 크기 변형만으로는 부족할 겁니다. 그래서 필기체로 감 성이 묻어나게 한 번 더 변화를 주었습니다.

그리고 'The World IS YOUR PLAYGROUND'는 한 문장입니다. 한 문장 안에서 글씨체를 다르게 하는 경우는 드물죠. 이 점만 보아도 얼마나 강조하 고 싶었는지 그 의도를 알 수 있습니다. 글씨체가 달라 가독성이 떨어질 우 려가 있어 선을 그어주어 'The World'와 'IS YOUR PLAYGROUND'가 분리되 어 눈에 잘 들어오게 했습니다. 그리고 그 다음 장면에는 로고와 함께 마지 막 카피가 등장하는데요. 'SEIZE THE HOLIDAY(휴가를 꽉 잡으세요, 놓치지 마 세요)'의 폰트를 봐주길 바랍니다. 앞 장면의 'IS YOUR PLAYGROUND'와 폰 트가 같죠. 이 동영상의 기본 폰트임을 알 수 있습니다. 이제 'The World'만 의도적으로 다른 폰트를 사용했다는 것을 확실하게 느낄 수 있을 겁니다.

- 같은 문장 안에서 폰트를 다르게 사용할 수 있음
  'The World'와 'IS YOUR PLAYGROUND'는 폰트가 다름
  강조하기 위해 크기를 키웠지만, 더 강조하기 위해 폰트를 바꿈
- 디자인적인 요소(선)를 넣어 단어를 분리함
  시청자에게 자막의 가독성을 높여줌
- 'SEIZE THE HOLIDAY' 폰트를 보면 앞 장면의 'The World'만 다른 폰트를
  사용한 것을 알 수 있음

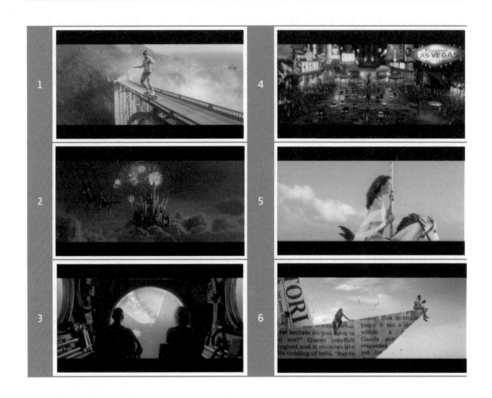

The World
IS YOUR PLAYGROUND

'버진 홀리데이즈' 로고
SEIZE THE HOLIDAY

https://vimeo.com/485439759

이번에는 전, 후반 자막이 모두 특별한 예제입니다. 환경 보호 단체 '그린피스(GREENPEACE)'는 기후변화의 심각성을 알리기 위해 유명 비디오 게임 'GTA(Grand Theft Auto)'와 함께 콘텐츠를 만들었습니다. GTA 게임의 가상 세계 안에 '로스 산토스(Los Santos)'라는 도시가 있는데, 이곳에 이상 기후변화가 찾아옵니다. 도시가 물에 잠기고 피폐해지죠. 심각한 변화를 사람들이 경험할 수 있게 일정 기간 게임 플레이를 할 수 있게 하고, 이를 알리는 동영상을 만들었습니다.

동영상은 영화처럼 시작합니다. 하나의 흥미로운 스토리가 펼쳐지듯 오프닝 자막은 (제목처럼) 필기체로 적힌 'Los Santos'입니다. 여유롭게 사람들이 걸어 다니고, 멋진 경관이 보입니다. 장면을 부연 설명해 주는 자막도 화면 중간에 함께 보입니다. 정보 전달에 충실하도록 깔끔한 글씨체에 흰색 글씨로 눈에 잘 들어오게 표현했습니다. 그러다 갑자기 화면 색이 바뀌고, 심각한 음악이 들리면서 망가진 도시의 모습이 나타납니다. 기후변화로 피폐해진 겁니다. 걱정스러운 장면이 이어지다 마지막에 엔딩 자막인 'LOS SANTOS +3℃'가 뜹니다. 여태까지 한 번도 사용하지 않은 글씨체를 사용해서요. 뜬금없이 보이지만 이 글씨체는 앞의 내용과 연결되는 글씨체입니다. GTA 로고에 사용된 글씨체로 게임을 바로 연상하게 만드는 글씨체죠. 이때 온도를 나타내는 숫자는 다른 글씨들과 색을 다르게 표현했습니다. 일반적으로 온도가 높을 때 사용하는 붉은색을 사용하여 주제인 '기후변화'를 강조했죠.

기존 GTA 게이머를 대상으로 만든 동영상이라 비하인드 스토리(뒷이야기)를 알아야 이해가 좀 더 수월하긴 하지만, 자막 관련해서 공부할 점을 잘 알려주기 때문에 풀 버전(전체 버전)으로 시청하고 자세히 살펴보길 바랍니다.

'GTA' 게임 로고

핵심 POINT

- 전후반 자막이 모두 특별한 경우임
- 전반에는 제목 느낌의 자막으로 스토리의 시작을 알림
- 중간 부분 자막은 일반 동영상 자막 스타일로 정보 전달에 충실한 폰트와 색을 사용함
- 후반에는 GTA 게임인 것을 알리기 위해 GTA 로고처럼 표현함
- 온도를 나타내는 숫자는 온도가 높을 때 표시하는 붉은색을 사용함

14

‘그린피스’ 로고
LOS SANTOS
+3˚C
MEET THE GREENPEACE'S IMMERSIVE IN THE METAVERSE
GREENPEACE.ORG.BR/LOSSANTOSTRESGRAUS

https://youtu.be/V5yZLDWeawo

No.54 농심 라면 (글로벌 광고)

컵라면, 신라면, 짜파구리 등 농심에서 생산하는 여러 종류 라면을 세계적으로 알립니다. 다양한 사람이 각자 취향에 맞춰 여러 방법으로 먹을 수 있음을 보여주면서요. 미니멀리스트의 달걀만 넣은 라면, 배낭여행객의 컵라면, 소시지와 함께 먹는 라면 등 다양합니다. 장면별로 특징을 살리려고 라면 주변에 여러 소품을 배치했고, 색감도 장면 콘셉트에 맞게 계속 바꿨습니다.

이렇게 배경 요소가 많고 자주 바뀔 때는 자막을 어디에 놓아야 할까요? 자막의 위치를 왼쪽, 오른쪽, 위, 아래로 왔다 갔다 하면 시청자는 어떤 느낌이 들까요? 아마 자막을 따라다니다 배경 그림을 못 보게 되고, 자막도 나중에는 놓쳐서 못 읽게 되고, 점점 이해하기 어려워져 결국 흥미를 잃을지도 모릅니다.

자막은 읽는 데 어려움이 없어야 합니다. 이번 예제는 화면이 바뀌어도 자막의 위치는 일정한 곳에 두어 시청자가 읽기에 수월하게 했습니다. 모바일 메시지의 말풍선 모양으로 자막을 디자인하여 배경과 분리했고, 굵은 글씨를 사용해 가독성을 높였습니다. 글씨체도 심플하고 흰색 말풍선 안에서 잘 보이도록 검은색 글씨를 사용해 읽기 쉽게 했습니다. 배경이 화려할 때 자막을 어떻게 처리해야 좋을지 막막하다면 이번 예제에서 많은 힌트를 얻을 수 있을 겁니다.

- 화면이 바뀌어도 자막의 위치는 일정한 곳에 있음
  화려한 배경, 많은 소품 등 배경이 단순하지 않기 때문에 자막은 움직이지 않게 함
  자막의 위치가 여기저기로 바뀌면 시선도 함께 움직여야 해서 시청이 불편해짐
  결국, 원본 동영상도 제대로 못 볼 수 있음
- 모바일 메시지의 말풍선 모양으로 자막을 디자인함
  동영상의 경쾌한 분위기를 잘 살림
  여러 색이 등장하는 원본 동영상과 자막이 잘 분리되어 보임
  말풍선을 사용해 한 줄로 정리하여 깔끔하게 느껴짐
- 모바일 메시지 느낌을 살리려고 문장 끝에 이모티콘을 함께 넣음
- 글씨를 굵게 하여 주변 사물에 묻히지 않게 함
- 심플한 글씨체와 검은색을 사용하여 읽는 데 수월함

https://youtu.be/sJMYjYQMXxk

No.55 고양이 식품 '쉬바'의 6초 광고

　　6초 광고는 워낙 짧아 메시지 표현이 어렵죠. 전문가도 6초 광고는 부담을 많이 느낍니다. 이미지만 보여주기에도 바쁜 시간이라 '자막 들어갈 타이밍이 있을까?'하고 걱정될 텐데, 자막 사용이 불가능한 것은 아닙니다. 위치만 잘 잡으면 짧은 동영상에서도 효율적인 자막 사용이 가능하거든요.

　　고양이 식품회사 '쉬바(Sheba)'는 자신의 제품을 고양이가 얼마나 좋아하는지 짧은 에피소드를 통해 보여주었습니다. 보호자가 고양이를 안고 행복해하고 있는데, 고양이는 어디에선가 '쉬바' 포장지 뜯는 소리를 들었는지 고개를 홱 돌립니다. 이 둘의 속마음을 자막으로 적어 각자의 생각을 재미있게 표현했습니다. 자막은 보호자와 고양이 각각의 머리 위에 적혀있어 누구의 생각인지 금방 알 수 있죠. 말풍선을 따로 그리지 않고, 문장 밑에 점 3개를 추가하여 속마음이라는 것을 간결하게 표현했습니다. 원본 동영상이 밝아 글씨는 어둡게 하여 눈에 잘 들어오도록 했고요. 원본 화면이 (여러 개가 아닌) 한 장면이기 때문에 6초라는 짧은 순간을 담는 데 용이한 것도 한몫합니다. 짧은 동영상(숏폼)은 되도록 화면에 변화가 없어야(복잡하지 않아야) 메시지 표현이 간결해지거든요. 이번 예제에서도 한 장면만 사용하였고, 그 화면 안에서도 대상의 움직임이 거의 없습니다. 여기에 자막만 추가한 거죠. 자막의 위치와 표현 방법이 잘 어우러져 메시지를 재미있게 전달한 좋은 예제입니다.

- 누가 생각하는 속마음인지 알 수 있게 그 대상의 머리 위에 자막을 표시함
  짧은 순간에도 어떤 대상의 이야기인지 빠르게 파악할 수 있음
- 디자인 요소를 간결하게 넣음
  말풍선 모양 없이 자막 밑의 점 3개만으로도 속마음이라는 것을 알 수 있음
- 원본 동영상의 밝은 바탕에 어두운 글씨를 사용하여 자막이 잘 읽힘

https://youtu.be/rfqUpKa1gZ0

No.56 독일 복권 브랜드 '웨스트 로또'의 캠페인

　　자막 크기의 아주 이례적인 경우를 소개합니다. 독일 복권 브랜드 '웨스트 로또(WEST LOTTO)'에서 간결하면서도 임팩트 있는 광고를 시리즈로 만들었습니다. 'UNLEARN(배운 것을 잊으세요)' 캠페인으로, 칸(Cannes Lions) 광고상도 받은 아이디어가 돋보이는 콘텐츠입니다. 내용은 정말 간단합니다. '웨스트 로또' 하면 일상생활의 번거롭고 힘든 일을 더는 하지 않아도 된다는 내용이거든요.

　　막힌 변기를 열심히 뚫는 사람, 무거운 소파를 힘들게 옮기는 사람, 복잡한 가구를 조립하는 사람, 닿기 어려운 곳까지 열심히 청소하는 사람, 양손에 생수 묶음을 들고 계단을 힘겹게 오르는 사람에게 지금 하는 번거로운 일을 이젠 잊어버리라고 말합니다. 심플한 키워드 하나로 메시지를 강력하게 만들기 위해 글씨를 크게 키웠는데, 화면 좌우 공백 없이 양옆을 꽉 채워 표현했습니다. 자막 작업을 할 때는 화면에 어느 정도 여유 공간을 두는 게 일반적인 방법인데 이와 달리 아주 독특한 방식을 택한 거죠. 시청자를 순간 '아'하면서 깨우치게 하려고 자막이 등장할 때 '띵'하는 효과음도 추가했습니다.

- 공백 없이 자막으로 화면 양옆을 꽉 채움
  화면의 여유 공간을 없앤 아주 드문 경우임
- 키워드를 강조하기 위해 과감한 시도를 함
  메시지를 강하게 전달하려는 제작자의 의도가 느껴짐
- 대문자, 굵은 글씨체를 사용하여 한 번 더 강조함

https://vimeo.com/270626671
https://vimeo.com/270521667
https://vimeo.com/270518199
https://vimeo.com/270631231
https://vimeo.com/270623222

No.57 '아벤느' 화장품 (1:1 화면 사이즈)

피부를 자극하는 행동인 '여드름 짜기', '피지를 제거하는 기계로 뽑아 버리기' 등을 하지 말고 '아벤느' 화장품을 사용하라는 광고입니다. SNS에서 활용하려는 목적으로 제작되어 화면 비율이 1:1입니다. 키워드 한 개를 중점 적으로 어필하는 방법을 사용했고, 화면 구성이 복잡하지 않습니다. 단순함 속에서 키워드 '#STOP!' 하나만 반복적으로 강조합니다. 그리고 후반부에는 키워드 크기를 다양하게 하여 화면을 꽉 채웠습니다. 동영상에서 가장 인상 깊은 장면을 만들었죠. 같은 자막으로 크기를 바꿔가며 강조하는 방법을 잘 보여주었습니다.

- 1:1 화면 비율의 자막 활용 방법을 보여주는 예제임
- 키워드(#STOP!) 하나를 중점적으로 강조함
  단어에 강한 성격을 부여하기 위해 느낌표를 사용함
  살짝 기울인 형태로 배치함
- 글자 크기를 바꿔가며 메시지를 반복함
- 후반부에는 키워드를 크기별로 다양하게 적고 화면을 꽉 채움
  마지막에 강한 인상을 남기려는 시도임

https://vimeo.com/335093182

No.58 인도의 강아지 보험 '퓨처 제너럴리'

인도의 보험회사 '퓨처 제너럴리(Future Generali India Insurance)'에서 강아지 보험을 출시했습니다. 강아지가 위험에 빠질 수 있는 상황을 보여주고, 보험의 필요성을 강조합니다. 공이 창밖으로 날아가면 그걸 쫓아 창문에서 뛰어내리고, 수건으로 얼굴이 덮여 시야가 확보되지 않았는데도 뛰어다니고, 뜨거운 토스터를 혀로 핥고, 계단에서 미끄러지고, 드럼 세탁기에 들어가 있고, 자동차 신호대기에서 창문이 열리면 뛰어내리는 등 아찔한 상황을 담았습니다.

이러한 상황을 장면으로 보여주기 전에, 앞으로의 스토리를 예견하는 내용을 동영상 도입부에 자막으로 넣었는데요. 문장은 '#OH MY DOG'이고, 글자를 강조하려고 크기를 키웠습니다. 그런데 문장 전체를 똑같은 사이즈로 키우지 않고 단어를 하나씩 단계별로 키웠죠. '#OH'를 크게 적고, 'MY'를 좀 더 크게, 'DOG'는 가장 크게 적었습니다. 같은 문장 안에서 크기가 점점 커지니 내레이션이 없어도 목소리가 점점 커지는 듯한 느낌이 듭니다. 그리고 글자의 행간(글의 줄과 줄 사이)을 없애 하나의 덩어리처럼 표현하여 묵직하게 느껴지도록 했습니다. 자막에 한 번 더 강한 힘을 실어준 거죠.

핵심	- 사건(스토리)이 시작되기 전, 앞으로의 일을 예견해 주는 자막임
POINT	- 같은 문장 속 단어의 크기를 변화시킴

- 사건(스토리)이 시작되기 전, 앞으로의 일을 예견해 주는 자막임
- 같은 문장 속 단어의 크기를 변화시킴
  '#OH'는 보통 크게
  'MY'는 좀 더 크게
  'DOG'는 가장 크게
  소리가 점점 커지는 듯한 느낌이 들도록 표현함
  내레이션이 들리는 것 같은 효과가 있음
- 행간(글의 줄과 줄 사이)이 없음
  'OH', 'MY', 'DOG'을 줄을 바꿔 따로 적었지만 단어끼리 서로 붙어있음
  하나의 덩어리처럼 느껴짐
  강조하는 효과가 커짐
- 그림자 효과를 주어 입체감 있게 표현함

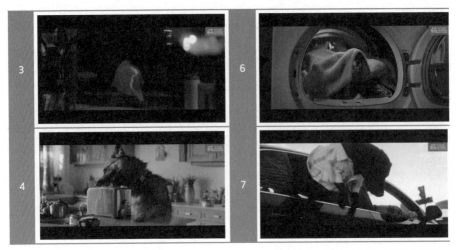

https://youtu.be/AchPTbTGYgc

No.59 스포츠 브랜드 '나이키'

책의 앞부분에서도 다룬 적 있는 '자간'에 대해 자세히 알아보겠습니다. 예제로 가져온 동영상은 스포츠 브랜드 '나이키' 광고입니다. 동영상 후반에 등장하는 자막 'CHOOSE GO'를 보면 자간을 좁혀 글자가 눈에 쉽게 들어오는 것을 알 수 있습니다. 사실 긴 문장이 아닌 단어가 두 개만 있어 읽는 데 어려움은 없지만, 동영상에서는 빠른 순간에 자막이 눈에 들어오지 않으면 다시 읽을 시간이 없어 메시지를 놓칠 수도 있습니다. 그래서 한 단어 안의 알파벳끼리의 사이를 좁혀 단어가 한 덩어리처럼 보이게 하는 겁니다. 그러면 다른 단어와 구분이 잘 되어 전체 문장이 빠르게 읽힙니다.

자간을 좁혀 덩어리로 표현한 경우와 그렇지 않은 경우를 비교하기 위해 예시를 들겠습니다.

자간을 좁힌 경우(윗줄)와 자간을 좁히지 않은 경우(아랫줄)

CHOOSE GO

CHOOSE GO

'CHOOSE GO'를 두 번 적었습니다. 똑같은 문구이지만 윗줄과 아랫줄의 느낌이 확연히 다릅니다. 'CHOOSE'와 'GO' 사이에 띄어쓰기가 있는데, 자간을 좁힌 경우(윗줄)는 그 띄어쓰기가 명확하게 인식되지만, 그렇지 않은 경우(아랫줄)는 알파벳 사이의 간격과 띄어쓰기의 간격이 큰 차이가 없어 보입니다. 'CHOOSE'와 'GO'를 분리하여 읽는 시간이 필요하죠. 자간을 좁히면 그 시간을 줄일 수 있습니다.

자간 좁히기는 심미적인 이유도 있습니다. 타이트하게 좁혀 주면 그렇지 않을 경우보다 단어가 단단해 보이고, 단어와 그 다음 단어가 잘 분리되어 깔끔하게 정리된 느낌이 듭니다. 그렇다면 자막의 자간은 무조건 좁혀야할까요? 아닙니다. 일부러 자간을 넓힐 때도 있습니다. 글자(알파벳)를 하나하나 강조하거나, 한 단어를 오래 보여주거나, 디자인 면에서 일부러 자간을 넓히는 게 더 나은 경우는 보통 간격보다 확실하게 넓혀 글자와 글자 사이를 떼어주기도 합니다.

자간 조절(Tracking)의 예

Tracking
Tracking
T r a c k i n g

커닝(Kerning) 조절을 안 한 경우(윗줄)와 조절을 한 경우(아랫줄)

LAV AWE GAVE
LAV AWE GAVE

자간과 관련해서 커닝(Kerning)도 함께 공부하겠습니다. 먼저 자간 조절은 영어로 트랙킹(Tracking) 또는 레터 스페이싱(Letter-spacing)이라 하고, 글자 사이에 고정된 값이 있어 조절하면 간격이 일정하게 줄어들고 늘어납니다. 그동안의 예에서도 많이 봐왔던 방법이죠. 하지만 커닝은 조절하면 글자 모양에 따라 간격이 다르게 변합니다. 예시 그림 윗줄에 있는 'LAV'를 보면, 'L'과 'A' 사이는 붙어있는데, 'A'와 'V'는 떨어져 있어 전체적으로 균형 잡혀 보이지 않습니다. 이럴 때 'A'와 'V'사이가 좁아질 수 있도록 커닝을 조절하여 바로 아랫줄 예처럼 단단해 보이고 안정된 느낌의 단어를 만드는 겁니다. 마찬가지로 다음 단어인 'AWE'에서는 'A'와 'W' 사이를, 'GAVE'에서는 'A'와 'V'사이를 좁혀 전체적으로 균형을 맞추는 겁니다. 사실 한글은 형태가 사각형에 가까워 자간 조절만으로도 원하는 결과를 대부분 얻을 수 있지만, 영어는 자간 조절만으로는 최종 결과를 얻기 어려울 때가 있습니다. 이럴 때는 알파벳 모양에 따라 커닝도 함께 조절해야 좀 더 깔끔하고 단단한 느낌의 단어를 만들 수 있으니 참고하길 바랍니다.

핵심 POINT

- 자간을 좁혀 심플하게 표현함
- 모두 대문자를 사용해 한 문장 안에서 글자의 높낮이 차이가 없음
  소문자가 섞이면 높낮이 차이가 생김
  모두 대문자라 하나의 라인(Line, 선)처럼 깔끔하게 보임
- 'CHOOSE' 한 덩어리, 'GO' 한 덩어리로 잘 분리되어 보임
  화면이 빠르게 지나가도 가독성이 높아 잘 읽힘

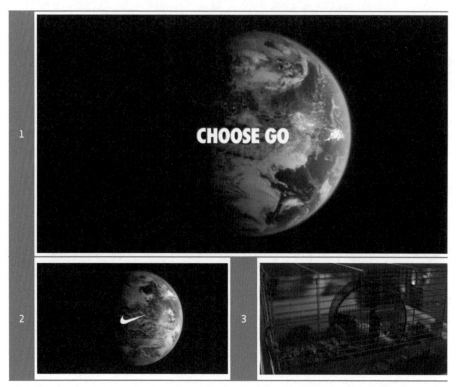

https://youtu.be/l5eEJad8NLY

No.60 '동원' 참치 레시피

　　자막 제작 시 폰트로 고민하는 사람이 많습니다. '원본 동영상에 딱 맞는 폰트 찾기'는 쉬운 일이 아닙니다. 폰트는 유행도 타서 선택 시 그 부분도 함께 고려해야 하죠. 원하는 폰트 찾기가 생각보다 시간이 오래 걸릴 수도 있는데, 자간 조절에 익숙해지면 그 시간을 줄일 수 있습니다. 같은 폰트라도 자간에 따라 다르게 보이기 때문이죠. 별로라고 생각했던 폰트도 자간이 타이트하게 좁혀지고, 단어와 단어의 구분이 뚜렷해지면 한결 더 깔끔하고 디자인적으로도 더 나아 보입니다.

　　그 중요성을 느껴보기 위해 아래에 예시를 만들었습니다. 이번 예제의 마지막 자막인 '참치 어디까지 먹어봤니?'를 같은 폰트를 사용하여 자간만 조절했습니다.

자간을 좁힌 경우(윗줄)와 자간을 좁히지 않은 경우(아랫줄)

참치 어디까지 먹어봤니?

참치 어디까지 먹어봤니?

　　윗줄과 아랫줄 중 어느 것이 더 빠르고 쉽게 읽히나요? 움직이는 동영상 안에서 둘 중 어느 것을 사용해야 더 효과적인 자막 처리가 될까요? 자간 조절은 초보자도 얼마든지 구현할 수 있는 제작 방법입니다. 폰트 찾기 시간의 일부분을 자간 좁히기에 사용해 보세요. 이미 가진 폰트로도 충분히 원하는 결과물을 만들어 낼 수 있을지도 모릅니다.

- 자간 조절이 잘된 예제임
- 한눈에 쉽게 들어오게 단어의 구분을 확실히 해줌
- 숫자의 자간도 조절하여 '55'가 한 덩어리로 잘 읽힘
- 배경과 잘 분리되도록 흰색의 깔끔한 폰트를 사용함

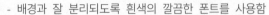

https://youtu.be/VoR2PSgpvAo

No.61 '디즈니랜드'의 크리스마스 특집 광고

　　이번에는 대소문자가 섞인 '긴 문장' 자간의 예입니다. 프랑스 파리에 있는 디즈니랜드 크리스마스 특집 광고인데요. 마지막에 'This Christmas, give the most wonderful of gifts(이번 크리스마스에는 가장 멋진 선물을 드리세요)'라는 자막이 뜹니다. 'This Christmas' 뒤에 쉼표도 있고 다소 긴 문장이라 읽는 데 시간이 소요됩니다. 그리고 'Christmas'와 'wonderful'은 알파벳 수도 많아 단어 길이가 길지요. 이 문장을 자간과 커닝 조절 없이 썼다면 화면 좌우 공간을 더 차지했을 것이고, 빠르게 읽는 데 어려움이 있었을 겁니다.

핵심
POINT

- 다소 긴 문장이라 자간과 커닝 조절로 읽기 쉽게 표현함
- 단어가 많아 자막을 보여주는 시간을 조금 길게 잡음
- 배경과 분리되어 보이도록 흰색 글씨를 사용함
- 깔끔한 폰트를 사용하여 눈에 잘 들어옴

https://youtu.be/SBqFNaRSw−0

No.62 '아쿠아후레쉬' 치약의 옥외 광고

네덜란드에 있는 NS 기차역 광고판(Billboard)이 모두 백지가 된 적이 있습니다. 옥외 광고를 금지했기 때문인데요. 치약 브랜드 '아쿠아후레쉬(Aquafresh)'는 이를 기회로 삼았습니다. 백지인 깨끗한 광고판을 치아 미백과 연결했습니다. 아무것도 없는 하얀 광고판 위에 '아쿠아후레쉬' 치약 모양 스티커를 붙여 하얀 치아가 생각나게 한 겁니다. 사람들은 재미난 아이디어에 웃으며 광고판을 찍어 SNS에 올렸죠. 아쿠아후레쉬는 이를 그대로 녹화해 동영상 광고를 만들었습니다. 광고에는 상황 설명을 하는 자막도 넣었습니다.

이번 예제는 강조하고 싶은 글자는 굵기를 다르게 하여 다른 글자와의 차별성을 둔 점이 돋보입니다. 'In less than 24 hours we made over 670,000 travellers smile(24시간 안에, 아쿠아후레쉬는 67만 명의 여행객들을 웃게 했습니다)'이란 자막에서 숫자 '24'와 '670,000'을 두껍게 했습니다. 그 중 '24'는 '670,000'보다 더 굵은 글씨입니다. 24시간도 안 되었다는 내용을 더 강조하고 싶은 것이죠. 이렇게 자막 안에서 강조하고 싶은 글자의 굵기를 다르게 하여 한눈에 글자의 중요성을 인식하게 할 수 있습니다. 글자를 크게 만드는 것도 강조 방법이긴 하지만, 이번 예제와 같이 문장이 긴 경우 '크기'보다 '굵기'를 변경하는 것이 좀 더 깔끔해 보입니다. 한 문장 안에서 굵기를 '가장 두껍게', '두껍게', '보통' 세 단계로 나누어 강조할 단어를 잘 표시한 예제입니다.

굵기 조절에서 유의할 점이 있습니다. 임의로 두껍게 하는 경우가 허용되지 않는 폰트일 때는 사용하지 않아야 합니다. 혹은 그 폰트의 굵은 버전이 있는지 확인하고 그것을 사용해야 합니다. 기본 폰트에 변형을 준 여러 폰트를 묶어 '폰트 패밀리(Font family)'라고 하는데, 같은 글씨를 얇게(Light),

보통(Regular), 두껍게(Bold), 가장 두껍게(Extra Bold) 굵기를 변형한 것이 '폰트 패밀리'의 대표 예입니다(이외에도 간격을 다르게 하거나, 기울임을 주는 등의 폰트 패밀리도 있음). 이처럼 굵은 글씨가 있는지 확인 후 작업하면 폰트 디자이너의 의도를 방해하지 않을 뿐 아니라, 심미적으로도 효과적인 작업을 할 수 있습니다.

- 같은 문장 안에서 굵기를 세 단계로 나눔
  가장 강조하고 싶은 글씨를 '가장 두껍게' 함
  그 다음 강조하고 싶은 글씨는 (조금) '두껍게' 함
  일반적인 내용은 '보통' 굵기로 표현함
- 강조할 단어가 있는 문장이 길면, '크기'보다 '굵기'를 변경하는 것이 깔끔하고
  눈에 더 잘 들어올 수 있음

In less than **24** hours we made over
670.000 travellers smile

https://youtu.be/WvPWSTs8TMA

No.63 '덴마크 공항들' 캠페인

덴마크에서 항공 이용을 활성화하기 위해 캠페인을 진행했습니다. 시리즈로 홍보 동영상도 만들었는데, 그중 이번에 소개할 편은 '올보르 공항(Aalborg Airport)'에서 '코펜하겐 공항(Copenhagen Airport)'으로 이동하는 편입니다.

한 여성이 바쁘게 일하다가 아이가 출연하는 연극 발표회에 늦지 않으려고 국내선을 이용합니다. 동영상 마지막에 'Der er kun **et lille stykke himmel**'이란 자막이 나옵니다. 영어 버전에서는 'There's just **a small piece of sky**'로 적었습니다. 문장을 보면 뒷부분인 'et lille stykke himmel(a small piece of sky, 하늘의 작은 조각)'이 두꺼운 글씨인데, 강조하기 위해 앞부분과 다르게 표시했습니다. '당신이 가고 싶은 거리는 생각보다 멀지 않으니 비행기를 이용하세요'라는 뜻을 함축적으로 나타낸 문구로 동영상에서 제일 하고 싶은 말이었죠.

굵기(두께) 조절은 문장에서 키워드를 강조할 때 자주 사용하는 방법으로 간단하게 작업할 수 있습니다. 조심해야 할 것은 너무 강조하고 싶은 마음이 큰 나머지 굵기도 굵게 하고 크기도 크게 하는 경우가 있는데, 이는 자칫 잘못하면 과장된 느낌이 들고 전체적인 디자인에 해가 될 수 있습니다. 시청자에게 전달할 때 다른 단어보다 강조하고 싶은 목적이 있는 것이지 튀게 하려는 목적이 아니니 이 부분을 유념해 주세요.

핵심 POINT

촬영 당시 배경 속에 있는 자막

- 출발지인 '올보르 공항(Aalborg Airport)'을 알려주는 게이트 사인
- 도착지인 '코펜하겐 공항(Copenhagen Airport)'을 알려주는 모니터 화면

후반 작업 자막

- 동영상 후반에 나오는 자막
'Der er kun et lille stykke himmel'
- 강조하고 싶은 키워드는 두껍게 표시함
한 문장 안에서 두께 조절로 단어를 구별할 수 있음
- 글씨를 두껍게 할 때 크기까지 변형하면 과장되어 보일 수 있으니 유의해야 함
- 자막을 화면 가운데에 위치하고 배경색과 분리된 흰색 글씨를 사용하여 읽기 쉬움

5

https://youtu.be/1HpSTF_－qaA

No.64 고품질 강아지 식품 '퍼리 키친'

이번에는 글씨를 잘 보이게 하려고 굵게 하지 않고 일부러 보통 두께로 유지한 경우입니다. 고품질 강아지 식품 '퍼리 키친(FURRY'S KITCHEN)'의 광고인데요. 신선한 재료로 만들어 사람이 먹을 수 있음을 보여주기 위해 유명 셰프를 초대해 요리하게 했습니다. 그리고 이를 푸드 전문 인플루언서들에게 대접했죠. 그들은 아주 긍정적인 반응을 보였고, 퍼리 키친은 이를 그대로 녹화해 홍보 동영상을 만들었습니다.

동영상 후반에는 인플루언서들의 게시물을 추가했는데, 이때 자막을 사용합니다. 인플루언서들이 사용하는 SNS 플랫폼 느낌을 그대로 살리려고 배경에는 사진을 여러 개 넣고, 코멘트는 화면 가운데에 박스 형태의 테두리를 사용해 눈에 띄게 했습니다. 게시물 코멘트 느낌 그대로 전달하기 위해 글씨체, 굵기, 크기도 게시물 형태 그대로 사용했습니다.

보통 화면의 자막이었으면 글씨를 크고 뚜렷하게 해서 시청자가 잘 읽을 수 있게 했겠지만, 이번 자막은 SNS 게시물처럼 보이는 것이 목적이므로 다소 작은 글씨에 보통의 굵기가 허용된 겁니다. 이번 경우는 자막 처리의 이례적인 경우입니다. 특별한 목적이 있을 때는 일반적인 표현법보다 그 특징을 살리는 점(이번 경우는 SNS 형태를 살리는 점)이 중요하다는 것을 알게 해주는 독특한 예제였습니다.

핵심
POINT

- SNS 게시물 느낌을 살리려고 디자인 요소를 추가함
  자막 뒤에 SNS 플랫폼 배경을 넣어 게시물처럼 보이게 함
  하얀 박스 형태의 테두리를 사용하여 게시물을 눈에 띄게 함
  왼쪽의 '프로필 사진'과 오른쪽의 '더보기' 버튼을 추가하여 SNS 느낌을 잘 살림
- 게시물을 읽는 것처럼 느껴지는 이유는 게시물에서 사용하는 일반적인 글씨체와 보통의 굵기를 사용했기 때문임
  그리고 크기를 일부러 키우지 않아 그 느낌이 잘 전달되었음

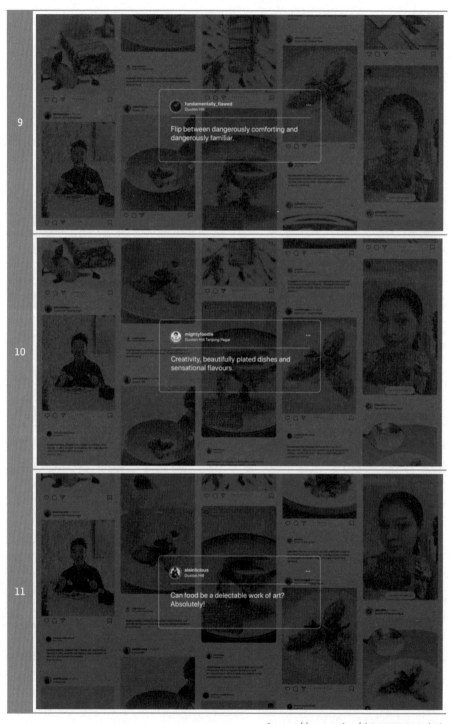

https://youtu.be/dCOW851K4Ck

No.65 배달 서비스 '고릴라스'

이탈리아에 빠름을 자랑하는 배달 서비스 회사가 있습니다. '고릴라스 (GORILLAS)'라는 독특한 이름을 가진 회사로 얼마나 빠른지 이를 증명해 보이는 캠페인도 진행했죠. 자전거를 탄 배달원의 가방에 할인 프로모션 코드를 새겨 넣고 도시를 빠른 속도로 다니게 했습니다. 하지만 너무 빨리 움직여 사람들은 프로모션 코드를 읽을 수 없었습니다. 이 부분이 메시지 전달의 핵심이죠. 사람들은 길을 걷다 우연히 '고릴라스' 배달원을 마주치면 바로 휴대폰을 꺼내지만 너무 빠른 순간에 지나가 코드를 찍을 수 없었고, 찍어도 순간포착이 어려워 프로모션 코드를 인식할 수 없게 흐릿하게 나왔습니다.

'고릴라스'는 이 재미난 아이디어를 홍보하기 위해 동영상을 만들었습니다. 동영상은 내레이션 없이 자막으로 스토리를 진행했는데, 중요한 부분은 붉은색으로 표시하며 강조했습니다. 색을 사용한 강조 방법입니다. 붉은색을 사용한 이유는 '고릴라스'의 로고 색이 붉은색이어서 자신의 정체성을 살리려는 목적이 있습니다. 그리고 '90% OFF', '+20%' 등의 숫자가 붉은색인데, 이는 '%(퍼센티지)'를 표시할 때 통상 붉은 계통의 숫자를 사용하기 때문에 시청자 이해에 도움이 되기 때문이죠.

'고릴라스'의 로고

- 숫자를 강조하기 위해 붉은색을 사용함
- 강조하는 부분이 '글자'가 아닌 '숫자'인 이유
  자신의 의견을 뒷받침해 줄 중요한 근거가 되는 부분임
  예) '3,000 NEW APP DOWNLOADS'
    (사람들이 우리의 앱을 3,000개나 다운받았어요)
    '+20% ORDERS than average'
    (평소보다 매출이 20% 올랐어요)
- 붉은색을 사용한 이유
  첫 번째 이유: 로고 색이 붉은색이어서 브랜드의 정체성을 대변해줌
  두 번째 이유: '%(퍼센티지)'를 표시할 때 일반적으로 붉은 계통의 숫자를 사용하기 때문임
  예) 할인율을 나타낼 때 붉은색을 사용함(90% OFF)
    증가율을 나타낼 때도 붉은색을 사용함(+20%)
- 자막을 둘러싼 평행사변형 모양의 흰색 테두리는 '고릴라스'의 로고 모양을 적용한 것임

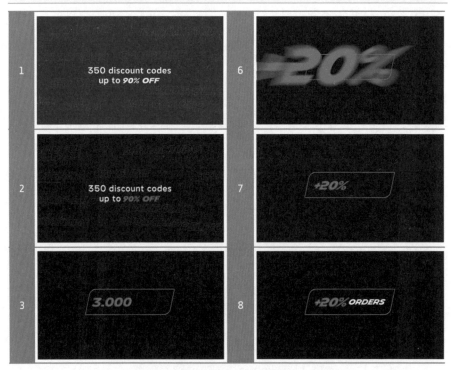

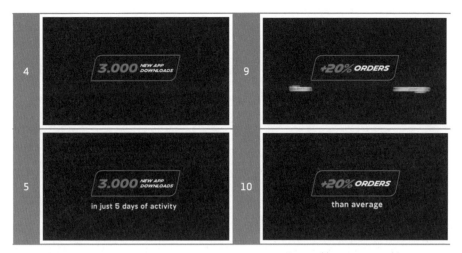

https://vimeo.com/631990752

No.66 삼양라면

　　자막에서 다양한 색을 사용하는 방법과 이유를 알아보겠습니다. '삼양라면'에서 60주년을 기념해 홍보 뮤지컬 동영상을 만들었습니다. 뮤지컬인 만큼 노래 가사가 중요해 가사를 화면 아래에 적었죠. 남성, 여성, 합창, 어린이 합창, 이렇게 총 네 파트로 나눠, 파트별로 자막 색을 다르게 했습니다. 남성 보컬은 흰색, 여성 보컬은 붉은색, 합창은 파란색, 어린이 합창은 분홍색으로 적었죠. 똑같은 색으로 가사를 전부 일관되게 적는 것보다 인식이 잘됩니다. '가사 자막'은 '인터뷰 동영상 자막'처럼 현재 화면에서 들리는 노래 가사를 적는 사운드 보조 역할을 하므로 일반 화면의 자막처럼 크기를 크게 하지 않아도 됩니다. 가사에서 혹시 잘 못 듣는 부분이 있을까 봐 보조적으로 적는 것이고, 외국어가 포함된 가사일 때는 보다 정확하게 언어를 인식하려고 사용하는 겁니다.

　　글씨는 가독성 있게 깔끔한 글씨체를 사용했고, 역동적인 노래 리듬에 맞춰 살짝 기울인 형태로 표현했습니다. 색을 제외한 다른 표현 방법은 모두 통일시켜 스타일의 일관성을 유지했죠. 그리고 글자의 움직임이나 번쩍이는 효과 등의 부가적인 효과는 복잡해 보일 수 있어 생략했습니다.

- 노래 가사를 자막으로 옮김
  인터뷰 동영상의 자막처럼 사운드(노래 가사) 보조 역할을 하는 자막임
- 보컬 파트별로 자막 색을 달리함
  흰색(남성 보컬), 붉은색(여성 보컬), 파란색(합창), 분홍색(어린이 합창)
- 역동적인 노래 리듬에 맞춰 글씨를 살짝 기울여서 표현함
- 글자는 사운드(노래 가사) 보조 역할이기 때문에 크게 적지 않음

1 (흰색, 남성 보컬) 60년 동안 그저 존재한 라면	**5** (파란색, 합창) 끓어올라라! 뜨겁게 끓어올라, 삼양!
2 (흰색, 남성 보컬) 난 무난한 게 익숙해	**6** (파란색, 합창) 자, 너를 던져라!
3 (붉은색, 여성 보컬) 안 괜찮지!	**7** (분홍색, 어린이 합창) 이제 면발 뚫고 나아가 외쳐볼래!

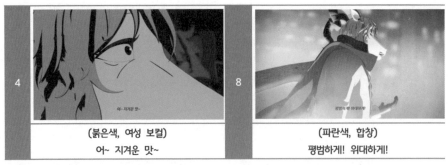

(붉은색, 여성 보컬)
어~ 지겨운 맛~

(파란색, 합창)
평범하게! 위대하게!

https://youtu.be/PmilarobRjc

No.67 비정부 기구 '국제앰네스티'

　이번에 소개할 예는 글자 색은 그대로이고 그 위에 하이라이트, 즉 형광펜을 칠해 색을 입힌 경우입니다. 1961년, 영국에서 설립한 비정부 기구인 '국제앰네스티(AMNESTY INTERNATIONAL)'는 라틴 아메리카의 삼림 파괴 현상을 심각하게 여겨 이를 개선하기 위한 캠페인을 펼쳤습니다. 캠페인 동영상에서 문제점을 지적하고 해결방안도 제시하는데, 이때 중요 문구들은 형광펜으로 강조했습니다. 그런데 단순히 강조의 목적만 있는 게 아닙니다. '국제앰네스티'의 로고를 보면 그 자체가 형광펜으로 강조한 내용처럼 노란색 바탕에 검정 글씨가 적혀있습니다. 동영상에서 사용한 '중요 문구 형광펜 치기' 방법은 로고를 떠오르게 하면서 문구 내용의 중요함도 알리는 두 가지 효과가 있는 겁니다.

　색을 칠할 때는 시청자의 시선을 한 번 더 주목하게 하려고 처음에는 노란색이 없는 상태에서 자막을 먼저 보여줍니다. 그리고 약간의 시간을 둔 뒤 형광펜 칠하는 모습을 보여줍니다. 색과 타이밍을 이용해 문구의 중요도를 알리는 방법을 알려준 좋은 예입니다.

'국제앰네스티' 로고

- 중요 단어를 형광펜으로 칠함
- 처음에는 색을 칠하지 않고 자막을 먼저 보여줌
  이때 강조 문구는 굵은 두께로 처리되어 있음
  굵은 글씨를 한 번 더 강조하기 위해 그 위에 형광펜을 칠함
- '형광펜 칠하기'는 앰네스티 로고와도 연관성이 있음
  로고의 바탕이 노란색임
- 로고를 연상시키면서 중요 단어도 강조하는 두 가지 효과가 있음

1

redraw the
future

2

3

We transformed those
drawings into social media posts,

4

It's about the future of
our families and of the planet.

https://vimeo.com/697135581

No.68 실내 골프 연습장, 골프존의 'GDR'

　　스크린 골프로 유명한 골프존의 실내 연습 프로그램 'GDR' 광고입니다. 운동 콘텐츠답게 에너지가 느껴지는 음악과 이미지를 사용했고, 이 느낌을 잘 전달하기 위해 자막도 기울인 글씨로 적었죠. 자막에서도 활동적인 느낌이 들게 한 겁니다. 깔끔한 글씨체로 읽기 편하게 했고, 중요 글씨는 색을 바꾸거나 글씨 뒤에 배경색을 넣어 강조했습니다.

　　기울인 글씨를 사용할 때는 유의할 점이 있습니다. 폰트가 기울기 변형이 가능한 폰트인지 확인하고, 그렇지 않을 때는 처음부터 기울인 글씨체로 제작된 폰트를 사용해야 합니다. 그리고 보통 이러한 형태로 변형하는 것을 이탤릭체로 만든다고 하는데, 이탤릭은 정확하게 말하면 일반 폰트를 눕히는 작업이 아니라 '이탤릭체'라는 개별 폰트를 의미합니다. 글자에 단순 기울기를 추가하는 것은 오블리크(Oblique)라고 하니 참고로 알면 좋겠습니다.

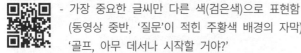

- 활동적인 느낌이 들도록 글씨를 기울여서 표현함
  운동 콘텐츠여서 에너지가 느껴지게 하려는 의도임
- 가장 중요한 글씨만 다른 색(검은색)으로 표현함
  (동영상 중반, '질문'이 적힌 주황색 배경의 자막)
  '골프, 아무 데서나 시작할 거야?'
  '골프'를 검은색으로 적어 뒤의 흰색 문장과 구별되어 보임
  주황색 배경을 사용하여 검은색과 흰색 글씨가 모두 잘 보임
- 강조할 글씨 색을 다르게 표현함
  '시작부터 제대로 가보자 GO'에서 'GO'를 주황색으로 적음
  '그래서 난, GDR GO'에서 'GDR GO'를 파란색을 포함한 여러 색으로 바꿔가
  며 적음
- 강조할 문구의 길이가 길면 글씨 뒤에 배경색을 넣음
  'LPGA 공식 시뮬레이터로'
  '100가지 레슨 콘텐츠로'
- 동영상 중반부터 엔딩 자막을 제외한 모든 자막은 화면 오른쪽에 둠
  자막의 위치가 일정하여 읽는 데 불편함이 없음

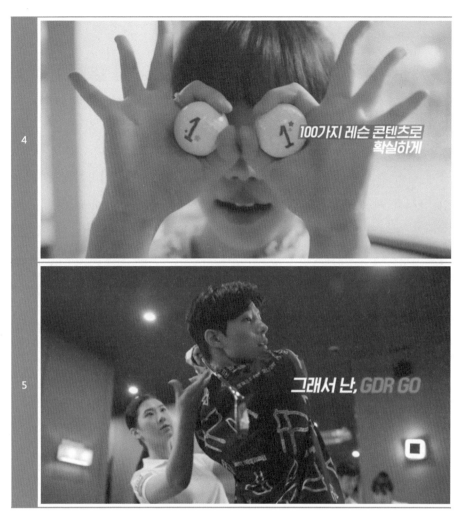

https://youtu.be/QD2ImGbu5l4

No.69 '대한적십자'의 헌혈 캠페인

　　이미지가 다이내믹하고, 편집의 컷 속도도 빨라 전반적으로 활기찬 느낌이 드는 예제입니다. '대한적십자'의 헌혈 캠페인 동영상인데요. '건강'을 중요하게 다뤄 이미지, 음악, 자막 등에서 생동감을 느낄 수 있습니다. 달리기와 춤추는 장면이 보이고, 비트감이 강한 음악이 들립니다. 자막은 크고 굵게 적어 활기찬 분위기를 살려주었고, 역동적인 느낌을 더하기 위해 기울인 글씨를 사용했습니다. 동영상의 요소(자막을 포함한 이미지, 비트감이 강한 음악)가 전체적으로 균형 있게 어우러져 '건강' 콘셉트가 잘 전달된 예제입니다.

핵심 POINT 	- '건강'은 '헌혈' 캠페인에 어울리는 콘셉트임 - 생동감을 느낄 수 있는 이미지와 음악을 사용함 　예) 달리기, 춤추는 장면 등의 이미지 　　　비트감이 강한 음악 - 활동감이 느껴지도록 편집의 호흡을 빠르게 함 - 자막 글씨를 크고 굵게 하여 콘셉트인 '건강'을 잘 표현함 - 글씨에 기울임이 있어 동영상 분위기를 더욱 살려줌

1

Staying healthy? We can't be satisfied with just that

2

They call us Bloodonors

https://youtu.be/1mMK7uxLAqg

No.70 오뚜기의 '떠먹는 컵피자'

화면 속 자막의 위치와 정렬에 대해서는 그동안 많은 예제를 통해 공부 했습니다. 자막을 일정한 위치에 고정하면 시청에 도움이 되고, 정렬은 각 화면 위치에 어울려야 전달력을 높일 수 있다는 내용이었습니다. 이번 영역 은 '정렬'을 특별하게 다루는 곳인 만큼 좀 더 흥미로운 예제를 살펴볼까 합 니다. 가로 자막뿐 아니라 세로 자막도 있어 정렬을 공부하는 데 또 다른 시 각을 얻을 수 있을 겁니다.

식품회사 오뚜기에서 출시한 '떠먹는 컵피자' 광고인데요. 피자가 도우 (Dough, 반죽)에 올린 형태가 아닌 컵에 든 형태라 제품 자체가 독특했습니 다. 일반적으로 '피자'하면 납작한 형태를 생각하지, 숟가락으로 떠먹는다고 생각하지 않죠. 새로운 형태를 알려줄 필요가 있어 피자 치즈를 숟가락으로 떠 올리는 장면을 자세히 보여줍니다. 피자를 먹을 때 치즈가 옆으로 늘어나 는 것과 달리 컵피자는 치즈가 위로 늘어나는 점을 알리는 겁니다. 자막도 세로로 배치해 이 느낌을 강조했죠.

동영상 중반에 붉은 바탕에 제품을 자세히 보여주는 장면이 있습니다. 이때 제품명을 화면 오른쪽에 적는데 화면 속 비주얼(치즈가 위로 늘어남)에 맞춰 자막도 위로 올라가는 움직임을 주었습니다. '떠먹는'에서 글자와 글자 간격을 점점 늘려 단어가 위로 올라가는 느낌이 들도록 했죠. 그리고 마지막 엔딩 장면에는 제품 다섯 개를 원근감 있게 배치했는데, 이 느낌을 잘 살리 려고 '떠먹는 컵피자' 자막도 제품과 같은 형태로 배치했습니다. 전반적으로 제품이 가진 특성을 잘 살린 자막 표현의 예입니다.

- 제품이 가진 특성에 맞춰 자막을 세로로 정렬함
- 제품의 움직임(치즈가 위로 늘어나는 장면)에 자막의 움직임도 맞춤
  자막이 위로 늘어나는 느낌이 들도록 표현함
- 감성적인 부분을 강조하기 위해 고딕체가 아닌 일부러 '꺾임이 있는' 글씨(세리프체)를 사용함
- 엔딩 장면의 자막은 제품(다섯 개)의 배열 형태와 매칭되게 디자인함

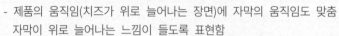

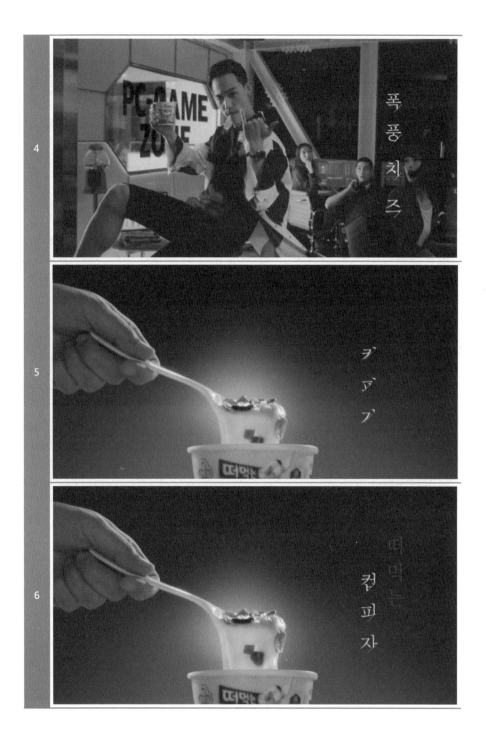

https://youtu.be/kw3uDiB8dXA

No.71 '스타벅스' 커피숍

(자막 제작 시) 화면과의 비율을 어떻게 고려해야 하는지 알려주는 예입니다. '스타벅스' 커피숍에서 만든 광고로 다양한 사람이 제품을 즐길 수 있음을 보여줍니다. 우리가 주목할 부분은 엔딩 자막인데요. 앞에 나열한 이미지들을 총정리하는 역할을 하는 'IT STARTS WITH YOU(당신과 함께 시작합니다)'입니다. 스타벅스의 모든 일은 당신인 '고객'에서부터 시작되는 것이고, 그만큼 '고객'이 중요하다는 뜻을 함축적으로 표현한 문구입니다. 흥미로운 점은 자막이 등장할 때 원본 동영상과의 조화에 신경 썼다는 겁니다.

원본 동영상 마지막 장면을 보면 스타벅스 로고가 있습니다. 화면을 좌우 두 부분으로 나눴다고 가정하면, 로고가 오른쪽에 크게 자리 잡고 있죠. 여기에 균형을 맞추려고 자막을 왼쪽에 놓은 겁니다. 만약 자막이 화면 중앙에 있다고 생각해보세요. 로고를 가리게 되고 균형이 깨져 결국 원본 동영상에 어울리지 않는 따로 노는 자막이 될 겁니다.

오른쪽 로고와의 균형을 이루기 위해 노력한 점이 하나 더 있습니다. 한 문장인 자막의 중간을 끊어 일부러 줄을 바꿨습니다. 'IT STARTS' 한 줄, 'WITH YOU' 한 줄, 이렇게 따로 적어 전체적인 형태가 하나의 사각형이 되도록 했습니다. 이 사각형은 화면 오른쪽에 있는 원형 모양의 로고와 함께 보면, 화면 좌우가 균형 잡혀 안정감을 느끼게 해줍니다. 이렇게 간단한 처리만으로도 작업의 완성도를 높일 수 있으니 자막 제작 시 화면과의 비율을 꼭 고려하길 바랍니다.

핵심 POINT

- 자막과 로고의 균형 유지를 보여줌
  화면을 두 부분으로 나눴을 때 왼쪽에는 자막을, 오른쪽에는 로고를 보여줌
- 원본 동영상에 있는 로고에 맞춰 자막 크기를 조절함
  하나의 사각형 모양이 있다고 생각하고 그 안에 자막을 넣은 형태로 만듦
- 'IT STARTS WITH YOU'는 한 문장이지만 사각형 모양을 만들기 위해 중간을 끊어 둘로 나눔
  'IT STARTS'와 'WITH YOU'로 분리함
  'WITH'부터 새로운 줄에서 시작
- 자막 두 줄의 시작(왼쪽)과 끝(오른쪽)을 맞춤
  첫째 줄 왼쪽의 'I'와 둘째 줄 왼쪽의 'W'를 맞춤
  첫째 줄 오른쪽의 'S'와 둘째 줄 오른쪽의 'U'를 맞춤
  사각형 모양이 잘 이루어지게 함
- 글씨체를 단순하게 하여 읽는 데 불편함이 없음
  보통 방법이라면 한 줄로 읽어야 하는 문장이 두 줄로 나누어져 읽기 어색한 형태임
  읽는 데 불편하지 않게 하려면 글씨체를 단순하게 해야 함
- 자막 중 'YOU'는 두꺼운 글씨로 강조함
  스타벅스는 'YOU', 즉 고객을 중요하게 생각한다는 것을 강조한 것임

https://vimeo.com/518547289

No.72 조미료 '미원'

　'스타벅스'와 비슷한 유형인데, 이번 자막은 의도적으로 '띄어쓰기'를 바꾼 점이 눈에 띄는 예입니다. 대상식품의 조미료 '미원' 광고인데요. 화면을 두 부분으로 나눴을 때 왼쪽에는 자막을, 오른쪽에는 인물을 위치하여 균형을 맞췄습니다. 주요 글씨는 로고 색인 빨간색을 사용해서 강조했고, 전체적으로 자막을 크고 굵게 하여 전달하려는 메시지에 힘을 실었습니다. 눈여겨볼 점은 '나는 오늘 소 한 마리를 살렸다'는 문장입니다. 자막을 하나의 사각형 형태로 만들어 화면의 균형을 유지하기 위해 띄어쓰기를 의도적으로 바꿨습니다. 한 줄에 네 글자씩 들어가도록 '나는오늘', '소한마리', '를살렸다'로 만든 겁니다(해시태그(#)는 시청자 참여를 위한 옵션 장치이기 때문에 문장 띄어쓰기 내용과는 별개로 봐주길 바랍니다).

　제품이 등장하는 마지막 장면에서도 인물과 자막의 균형을 유지했습니다. 자막의 가로 길이는 로고의 가로 길이에 맞춰 '기적의 한꼬집 미원' + '로고'가 하나의 박스 형태로 완성되게 했습니다.

핵심 POINT

- 화면 속 인물과 자막의 균형을 보여줌
- 자막을 하나의 사각형 형태로 만들기 위해 띄어쓰기를 의도적으로 바꿈
  '나는 오늘 소 한 마리를 살렸다'를 '나는오늘', '소한마리', '를살렸다'로 나눔
- 로고와 함께 자막을 등장시킬 때도 로고에 맞게 자막 사이즈를 맞춤
  로고의 가로 길이에 맞춰 '기적의', '한꼬집', '미원'으로 나눔
  '미원'은 제품명이고 동영상에서 중요한 부분이어서 크기를 키워 가로 길이를
  맞춤

https://youtu.be/Y_IiRmMJ88E

No.73 '샤넬 넘버 파이브' 향수

　세계적으로 잘 알려진 향수 '샤넬 넘버 파이브(CHANEL N°5)'의 광고입니다. 향수는 제품 특성상 감각과 연결되는 품목이어서 이를 시청각으로 풀 때도 감각적으로 접근하는 경향이 많은데요. 이미지와 음악의 조화로 감성적인 느낌을 전달하는 거죠. '샤넬 넘버 파이브'는 여기에 자막도 추가했는데, 키워드 형태로 메시지를 적어 스토리를 이어갔습니다.

　편집 흐름이 빠르고, 화면 배경과 색감이 자주 바뀌어 자막은 최대한 단순한 색(흰색, 검은색)만 사용하였습니다. 그리고 크기를 다르게 표현했는데, 단순히 크고 작게만 조절한 것이 아니라 화면과의 비율을 고려하며 자막 크기를 조절했습니다. 예를 들어 배경 요소 좌우에 사물이 있으면 그 사물 사이에 자막을 두기 위해 크기를 키우거나 줄였죠. 배경 요소가 흐릿하거나 단순할 때는 자막이 화면의 범위를 크게 차지하게 하여 배경보다 글자를 더 잘 보이게 했습니다.

- 화면과의 비율을 고려하여 자막 크기를 다르게 표현함
  단순히 글씨를 크고 작게 한 것이 아님
  원본 동영상에 등장하는 배경 요소에 맞춰 비율을 조절함
  'QUESTION', 'ARTIST', 'VULNERABLE', 'AND'가 있는 배경 화면을 보면 좌우에 사물이 있음
  'QUESTION'은 양쪽 커튼이 쳐진 창문 사이에 배치함
  'ARTIST'는 촬영 장비 사이에 배치함
  'VULNERABLE'과 'AND'는 네온사인 사이에 배치함
- 자막 사이즈가 큰 경우
  'DAY'와 'YOU DON'T'는 배경 요소가 단순하여 글씨에 주목하게 하려고 크기를 키움
  'DAY'의 배경이 흐리기 때문에 글씨가 뚜렷하게 보임
  'YOU DON'T'는 무지의 흰 배경이라 글씨가 눈에 잘 들어옴
- 자막의 폰트와 색은 제품 패키지 글씨를 연상시킴
- 전반적으로 편집의 호흡이 빠르고 배경 화면이 자주 바뀌어 자막 표현을 최대한 심플하게 함

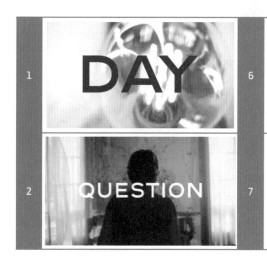

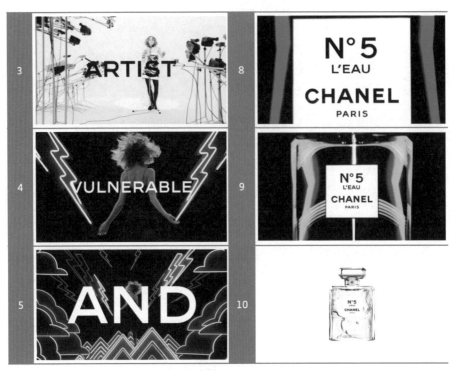

https://youtu.be/NLL38X683Qk

사물(소품)에 자막 넣기_ 피아트, 브라질 가전 브래스템프, 혼다

No.74 '피아트' 자동차

이번에는 조금 특별한 자막 처리 방법을 알아보겠습니다. 후반 작업에서 '화면에 입히는' 방법이 아닌, 촬영 당시 '소품에 자막을 넣는' 방법입니다. 첫 번째 예는 '피아트' 자동차 광고인데요. 주인공이 자동차를 타고 떠나면서 작별인사하는 것을 자막으로 처리했습니다. 그런데 화면 위에 입히는 자막이 아닌 주인공이 탄 자동차 번호판에 'CIAO'라고 적었죠('CIAO'는 영어로는 'Goodbye'이고 한글로는 '안녕'이라는 뜻). 촬영 전부터 준비를 꼼꼼하게 해야만 가능한 방법입니다.

물론 화면 위에 입히는 자막도 프리 프로덕션(Pre-production, 촬영 전 준비단계)에서부터 준비합니다. 하지만 이 방법은 후반 작업인 만큼 상황에 따라 자막이 삭제되거나 추가될 수 있는 융통성을 가지고 있죠. 소품에 넣는 자막은 원본 동영상 속에 그대로 살아있어 쉽게 삭제하거나 추가할 수 없어 준비를 철저하게 해야 합니다. 필요할 경우 CG 처리하여 바꿀 수 있지만, 비용과 시간이 소요되는 번거로움이 있죠. 그래서 그 전에 확실하게 결정하고 촬영하는 겁니다. 소품 속에 자막을 넣는 것도 또 하나의 표현 방법이니, 기회가 있다면 꼼꼼하게 준비하여 도전해 보길 바랍니다.

- 주인공의 대사를 자막으로 표현함
- 자막을 동영상 속 사물 안에 넣어 촬영함
- 후반 작업에서 화면에 입힌 자막이 아닌 촬영 전부터 계획된 자막임
- 자막을 재치있게 표현한 아이디어가 돋보임

https://youtu.be/n9yvS8pBQz4

No.75 브라질 가전 브랜드 '브래스템프'

자막을 소품에 새겨 넣은 또 다른 예입니다. 가전 브랜드 '브래스템프
(BRASTEMP)'에서 브라질 여성이 남성보다 집안일을 많이 한다는 부분을 걱
정하며 캠페인을 펼쳤습니다. 자신의 제품 중 세탁기를 중점적으로 어필하
기 위해 세탁하지 않는 남성들의 변명을 수집했습니다. 그리고 이를 티셔
츠에 새겨 넣었죠. 특수 잉크로 새긴 것이라 세탁하면 글자는 없어집니다.
'브래스템프'는 변명을 없애기 위해 티셔츠들을 드럼세탁기에 넣고 돌렸고,
글자는 말끔하게 사라졌습니다. 쉽게 세탁할 수 있음을 보여주는 의도와
불필요한 변명을 지우겠다는 의도, 두 가지 내용이 동시에 담겨있는 동영
상입니다.

https://youtu.be/80WtsAtvpPc

No.76 '혼다' 자동차

영화 〈오즈의 마법사(The Wizard of Oz), 1939〉에 수록된 'Over the Rianbow(오버 더 레인보우)'의 가사를 자막으로 표현한 광고입니다. '혼다(HONDA)'에서 출시한 여러 자동차를 한곳에 모아 보여주며, '오버 더 레인보우'의 내용처럼 꿈이 실현될 수 있음을 전했습니다. 이를 위해 가사를 네온사인으로 만들어 촬영했죠. 흥미로운 것은 자동차가 달릴 수 있는 광활한 대지에 네온사인을 크게 설치하고, 자동차가 해당 가사의 네온사인 앞을 지나갈 때 불이 켜지게 한 겁니다.

노래는 'Somewhere over the rainbow'로 시작합니다. 이때 자동차가 'Somewhere' 앞을 지나고 'over'를 지나고 'the'를 지나고 'rainbow'를 지납니다. 노래가 흐르는 속도에 맞춰 자동차가 달리면 해당 가사의 네온사인이 켜지죠. 철저히 계산하고 자동차의 동선을 맞추지 않으면 시도하기 어려운 아주 고난도의 제작입니다. 저예산 촬영에서는 시도할 수 없는 방법이라 당장 실천해 볼 수 없어 아쉽지만, 고급 기술과 독특한 아이디어를 공부할 기회이니 잘 살펴보길 바랍니다.

- 후반 작업이 아닌 촬영 단계에서 자막을 함께 녹화함
- 노래 가사를 네온사인(자막)으로 만듦
- 가사가 들릴 때 자동차가 지나가고 네온사인이 켜짐
- 자동차는 동선을 계산한 후 움직이는 것임
- 노래 가사는 브랜드가 지향하는 부분을 내포함
- 마지막 장면에서는 앞에서 등장했던 자동차가 모두 모여 전체적으로 한 브랜드를 나타냄

https://youtu.be/knQ_sTgcExY

2차 스타일 잡기: 옵션

글자 강조_ 힐튼 호텔, 현대자동차 싼타페

No.77 '힐튼' 호텔

여태까지는 자막의 기본적인 제작 방법을 살펴봤고, 지금부터는 동영상의 분위기를 한층 올려주는, 메시지 전달의 효율성을 더욱 높여주는 옵션(선택 추가 사항)에 대해 알아보겠습니다.

첫 번째 예는 '힐튼(Hilton)' 호텔 광고입니다. 호텔 레스토랑에는 단체 손님이 사진 찍어달라는 요청이 많습니다. 종업원은 전문가가 아니어서 고객이 만족하는 사진을 찍기는 어렵죠. 그래서 힐튼 호텔은 세계적인 포토그래퍼를 영입해 종업원의 사진 교육을 맡겼습니다. 찍는 수준이 향상되었고, 손님들의 만족도도 올라갔습니다.

이러한 서비스를 알리기 위해 광고도 만들었는데, 우리가 주목할 부분은 'WAITOGRAPHER'라는 키워드입니다. 종업원을 의미하는 '웨이터(WAITER)', '웨이트리스(WAITRESS)'의 앞 글자와 '포토그래퍼(PHOTOGRAPHER)'의 뒷글자를 합쳐 키워드를 만든 겁니다. 그리고 중간 글자인 'O'에 힘을 주려고 디자인 요소를 첨가했죠. 'O'는 카메라 렌즈처럼 보여 '사진 찍는 종업원'이란 의미를 시각적으로 잘 보여줄 수 있습니다. 그리고 'WAITOGRAPHER'는 생소한 단어이고 스펠링도 길어 한 번에 읽기 어렵죠. 중간에 'O'를 살려주면 'WAITER'와 'PHOTOGRAPHER'가 합쳐진 단어라는 것을 금방 알 수 있습니다.

핵심 POINT
- 키워드 속 강조할 부분에 디자인 요소를 추가함
- 'WAITOGRAPHER'에서 중간의 'O'를 강조함
  'O'가 렌즈처럼 보여 '사진 찍는 종업원'이란 의미를 잘 전달할 수 있음
- 생소한 단어를 좀 더 쉽게 읽을 수 있는 효과가 있음
  'WAITER'와 'PHOTOGRAPHER', 두 단어가 합쳐진 것을 알 수 있음

https://youtu.be/PpKEVha7H_8

No.78 현대자동차 '싼타페'

글자를 강조할 때는 굵게, 크게, 색을 바꿔서 한다는 것을 배웠습니다. 이 방법 외에도 간단한 요소의 추가로 글자를 강조하는 방법이 있습니다. 현대자동차 '싼타페'에서 '안전하차보조'라는 키워드를 알리기 위해 광고를 만들었는데요. 키워드를 자막으로 넣을 때 글자 앞뒤로 디자인 요소를 추가했습니다.

광고의 내용은 아이들이 뒷좌석에서 내리려는데 문이 열리지 않습니다. 뒤에서 다른 자동차가 달려오면서 아이들이 탄 차(싼타페) 옆을 지나가죠. 아이들이 내렸으면 위험할 뻔한 상황을 미리 막아준 겁니다. 다른 자동차가 지나간 후 '안전하차보조'라는 자막이 뜹니다. 부연 설명을 해주는 자막인 '탑승자 모두 안전하게 내릴 때까지'도 아래에 함께 적었습니다. 주요 키워드를 강조하고 눈에 잘 들어오게 하려고 '안전하차보조'에 디자인 요소를 추가해 밑의 보조 자막과의 차별성을 두었습니다. 간단한 작업이라 자막 제작 시 자주 사용되는 방법이니 필요할 때 적용해 보기 바랍니다.

핵심 POINT

- 키워드를 강조하기 위해 디자인 요소를 추가함
  키워드만 분리되어 보이는 효과가 있음
- 화면 속 배경이 다채롭거나 사물이 많을 때 효과적임
  자막이 배경과 분리되어 읽는 데 불편함이 없음
- 간단한 요소의 추가로 가독성을 높임

https://youtu.be/cAUkkNCeWZY

No.79 이탈리아 스포츠카 '람보르기니'

코로나바이러스로 모두가 밖에 나오지 않을 때, 스포츠카로 유명한 '람보르기니(Lamborghini)'는 사람들이 집에서 운전하는 기분을 느낄 수 있도록 엔진 소리를 담은 드라이빙 콘텐츠를 만들었습니다. 헤드폰만 있으면 람보르기니 특유의 엔진소리를 실내에서 즐길 수 있게 한 겁니다. 사람들의 반응은 뜨거웠고, SNS에 감상 후기도 많이 올라왔습니다.

이번 예제는 이를 광고 동영상으로 만든 것입니다. 내용 설명을 내레이션과 함께 자막으로 적었는데요. 주목할 부분은 글자의 움직임입니다. 강조할 글자의 자간을 서서히 넓히고 좁혀 부드럽게 글자 사이를 벌리거나 좁혔습니다. 람보르기니의 고급스러운 이미지를 살리기 위한 선택인 거죠. 그리고 필요에 따라 글자를 굵게 하는 방법도 사용했습니다.

자막에 움직임이 있어 글자는 최대한 단순하게 표현하려고, 검은색 배경에 하얀색의 깨끗한 글씨체를 사용했습니다. 요란하거나 복잡한 움직임 없이 자간의 심플한 변화만으로 메시지가 강조되었죠. 브랜드가 가진 강하면서도 고급스러운 느낌이 잘 전달된 콘텐츠입니다.

- 자막의 자간을 넓히거나 좁혀 움직임을 줌
- 부드럽게 글자 사이가 벌어지거나 좁아짐
  강조할 때는 간격을 벌리고, 반대일 경우에는 좁힘
- 움직이는 효과를 줄 때는 가벼운 느낌이 들지 않게 천천히 움직임
  브랜드가 가진 고급스러운 이미지를 살림
- 강조할 글자는 점점 크게, 반대일 경우는 점점 작게 표현함
- 움직임이 있어 글씨체와 색은 단순한 것을 선택함
  검은 배경에 흰색 글씨로 아주 심플한 느낌을 줌

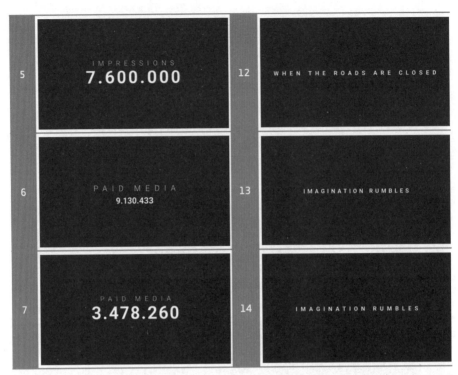

https://www.adsoftheworld.com/campaigns/lamborghini−8d−sound

색 변화_ 오슬로의 관광 홍보

No.80 노르웨이 수도 '오슬로'의 관광 홍보

　　노르웨이 수도인 '오슬로(Oslo)'의 관광 홍보 동영상으로, 다양한 볼거리
와 즐길 거리가 있음을 알립니다. 1분 50초 동안 오슬로의 다양한 모습을 보
여주고, 특히 동영상 후반에는 문화적인 면을 강조합니다. 시선을 집중시킬
수 있는 자막을 사용하면서요. 문화를 나타내는 단어 'MUSIC', 'DRAMA',
'CULTURE'가 등장하고, 이 단어들 오른쪽 옆에 'MOVES'라는 키워드를 붙여
하나의 문구를 완성했습니다. 'MUSIC MOVES', 'DRAMA MOVES', 'CULTURE
MOVES', 마지막에는 (핵심 단어인) 오슬로에 붙여 'OSLO MOVES'를 만들었
습니다. 이때 'MOVES'가 반복되어 눈에 띄지 않고 단조로워 보일 수 있어
색을 변경하고 글씨를 굵게 했죠. 간단한 변화로 키워드가 잘 인식되는 효과
를 주었습니다.

- 키워드가 반복될 경우 색에 변화를 주어 강조할 수 있음
  눈에 띄지 않고 단조로워 보여 변화를 준 것임
- 전체 동영상 분위기에 맞춰 색의 변화 속도를 빠르게 함
  활기찬 느낌의 동영상이어서 빠른 호흡으로 편집함
- 마지막 장면은 검은색 배경에 글자만 있어 눈에 확 들어옴
  정리하는 느낌과 함께 가장 중요한 단어임이 인식됨

https://youtu.be/UJ79tCqd3nw

No.81 영국 통신회사 '케이콤'

　　영국의 통신회사 '케이콤(KCOM)'에서 밝은 느낌의 광고를 만들었습니다. 음악 리듬이 경쾌하고, 여기에 맞춰 자막도 경쾌하게 움직입니다. 문장은 'Hello good stuff'이고, 자막이 나올 때 알파벳이 하나씩 등장합니다. 'g', 'o', 'o', 'd' 이렇게 글자가 하나씩 등장하고, 이들이 합쳐져 전체 문장이 완성됩니다. 글자는 휴대폰에서 등장하고, 지붕 위에서도 등장합니다. 휴대폰에서 등장할 때는 가로 방향으로 자막이 나오고, 지붕 위에서 등장할 때는 세로 방향으로 나옵니다. 배경 요소에 맞춰 자막이 움직이는 방향을 맞춘 겁니다. 화려한 움직임이 아니더라도 (글자 하나하나를 따로 등장시키는) 간단한 방법을 추가하여 분위기를 살려주었습니다.

- 음악 리듬에 맞춰 자막에 움직이는 효과를 줌
  밝은 동영상 분위기에 어울리게 자막이 옆이나 위로 움직이며 등장함
  'Hello good stuff'가 휴대폰에서, 지붕 위에서 등장함
- 입체감이 느껴지도록 글씨 뒤에 그림자 처리를 함
  자막이 움직이기 때문에 생동감을 주려고 그림자를 넣음
- 주변 배경 색감과 자연스럽게 잘 어울리는 흰색 글씨를 사용함
- 마지막 장면에 여러 개의 지붕 위에 자막이 뜨는데, 배경에 여러 색이 섞여 있
  어도 글씨가 흰색이라 눈에 잘 들어옴

https://youtu.be/067TqbTQh0U

No.82 고양이 식품 '위스카스'

　　고양이 식품 브랜드 '위스카스' 광고입니다. 우리가 살펴볼 부분은 마지막 장면의 카피인 'purr more'인데요. 동영상의 귀엽고 사랑스러운 느낌을 자막에서도 느낄 수 있도록 움직임을 추가했습니다. 움직임은 복잡하지 않고 심플합니다. 글자가 하나씩 위로 올라갔다가 다시 제자리로 내려가는 형태입니다. 단순하지만 자막 위에 있는 윙크하는 고양이와 잘 어울려 분위기를 한층 올려주는 역할을 했습니다.

핵심
POINT

- 마지막 장면의 카피가 움직이며 등장함
- 'purr'는 '고양이가 가르랑거린다'라는 뜻임
  'purr'에 'more'를 추가해 고양이에게 더 가르랑거리라는 의미를 만듦
- 'purr more' 단어 뜻을 동영상 분위기에 맞춰 귀엽게 전달하려고 움직임을 추가함
  글자가 하나씩 위로 올라갔다가 제자리로 빠르게 돌아감

https://youtu.be/GA13dHGfZYo

No.83 세제, 목욕용품 회사 'P&G'의 인종차별 금지 캠페인

　　다양한 세제, 목욕용품 브랜드를 소유한 회사 '피앤지(P&G)'에서 실시한 인종차별 금지 캠페인입니다. 이번 동영상은 메시지 전달 방법이 독특합니다. 배경 화면은 거의 움직이지 않고, 내레이션도 없습니다. 오직 자막의 변화로만 조용하고 진중하게 메시지를 전달합니다.

　　자막은 아주 심플한 글씨체를 사용했고, 색도 흰색과 검은색만 사용하였습니다. 특징적인 부분은 등장 방법입니다. 문장이 가로로 확장되고 세로로도 확장됩니다. 그리고 주요 단어를 남기고 나머지 단어들은 사라지고, 남아있는 단어를 중심으로 또 다른 문장이 생깁니다. 글자가 움직이지는 않지만 자막에 집중할 수 있는 효과를 주었습니다. 긴 문장을 한 번에 보여주는 것보다, 부분 부분을 끊어 보여주어 읽는 데에도 수월합니다. 사라짐과 등장을 통한 움직임의 또 다른 표현 방법이 돋보이는 예제입니다.

핵심

POINT

- 자막의 사라짐을 활용함
- 문장이 가로로 확장되고, 때로는 세로로 확장되면서 자막에 변화를 줌
- 특정 단어를 남기고 나머지 단어는 사라지기도 함
  남아있는 단어를 중심으로 또 다른 문장이 생성됨
- 자막 자체의 움직임은 없지만, 단어가 생겨날 때마다 시청자를 주목하게 하는
  효과가 있음
- 긴 문장을 한 번에 보여줄 때보다 부분을 끊어 보여주어 읽기에 수월함
- 배경에 변화가 거의 없어 자막에 집중하는 데 효과적임

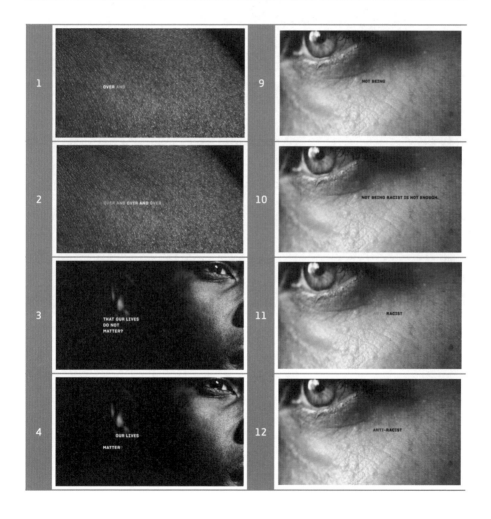

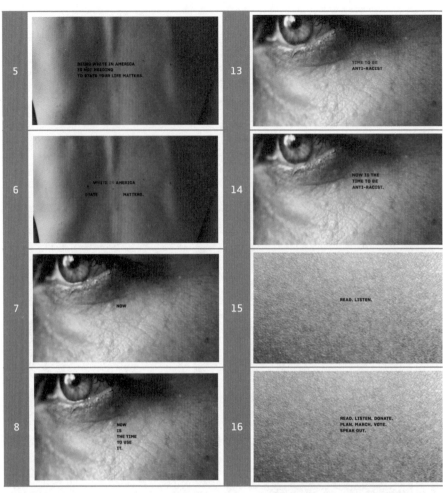

https://youtu.be/U7bnS8R994I

No.84 항공, 호텔, 렌터카 등 예약 사이트 '부킹닷컴'

　　항공, 호텔 등의 예약 사이트 '부킹닷컴(Booking.com)' 광고입니다. 이번 동영상은 자막에 간단한 아이콘을 추가하여 전체 콘셉트를 잘 살려주었는데요. 차질 없는 여행이 되려면 준비단계에서부터 꼼꼼하게 '확인' 하는 작업이 중요하다는 것을 보여주고 있습니다. 그 느낌을 살리기 위해 자막 옆에 '체크 박스'를 추가했습니다. 브랜드 성격도 드러내고, 자막에 한 번 더 시선이 머물게 하는 효과도 있습니다. 엔딩 장면의 체크 박스에서는 체킹 효과음까지 넣어 전체적인 느낌을 더 뚜렷하게 해주었습니다. 간단한 작업으로 콘셉트를 살리고, 메시지 전달력도 높일 수 있으니 필요할 때 시도해 보길 바랍니다.

핵심
POINT

- '체크 박스' 아이콘을 문장 옆에 추가함
  간단한 작업 하나로 전체 콘셉트를 살리는 효과가 있음
  예약 사이트라는 특징에 맞춰 '확인 완료'를 뜻하는 아이콘을 삽입함
- 배경에 따라 '체크 박스' 색에 변화를 줌
  배경이 밝을 때는 어두운색 '체크 박스'를 사용함
  배경이 어두울 때는 밝은색 '체크 박스'를 사용함
- 색은 브랜드 색(남색, 흰색)에서 크게 벗어나지 않음

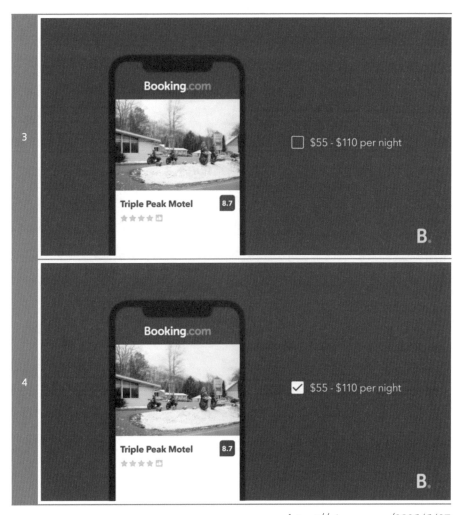

https://vimeo.com/383545497

No.85 잘못된 미디어 정보를 알려주는 '앱 팩트체크'

인터넷에 떠도는 잘못된 정보를 확인할 수 있는 '앱 팩트체크(APP FACTCHECK)'입니다. '맥주가 암을 예방해 준다' 등 근거가 확실하지 않은 소문에 대해 전문가의 의견을 모아 참과 거짓을 분별해주는 서비스죠. 이를 알리는 광고도 만들었는데요. 광고에서는 누군가 잘못된 정보를 말하면 바로 옐로카드(Yellow card)를 받습니다.

광고 후반에는 자막도 등장하여 '앱 팩트체크'가 어떤 서비스를 제공하는지 설명하는데, 이때 옐로카드가 또 나옵니다. 이번에는 (초반처럼) 실제로 등장하는 것이 아니고, 아이콘으로 만들어져 자막과 함께 화면 위에 보입니다. 원본 동영상에서 사용한 옐로카드(소품)를 아이콘으로 만들어 시청자가 쉽게 이해할 수 있도록 한 겁니다.

- 옐로카드에 그림을 넣어 아이콘을 만듦
  잘못된 정보를 말하면 옐로카드를 받는 설정에 맞는 아이콘임
  부가 설명은 옐로카드 밑에 한 문장으로 간단하게 적음
- 옐로카드 안의 그림은 노란색 배경 속에서 잘 보이게 검은색을 사용함
- 부가 설명자막은 배경과 분리되어 잘 읽히도록 밝은색을 사용함
- 한 화면에 아이콘 세 개를 적절한 위치에 배치함
  부가 설명자막은 해당 아이콘 바로 밑에 적고 문장을 가운데 정렬함

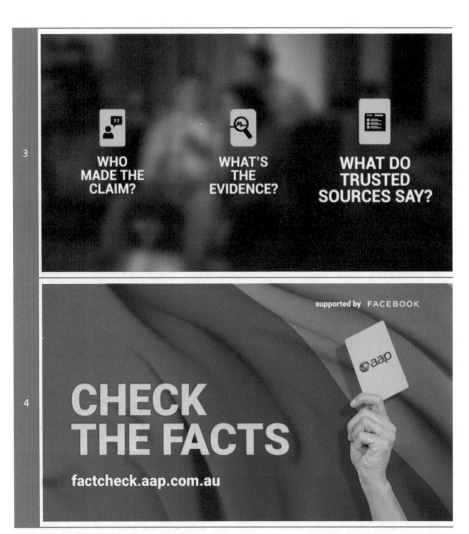

https://youtu.be/B1TmqyKypJA

No.86 패스트푸드 '맥도널드'

　'맥도널드' 홍보 동영상 중, 자신의 브랜드 특성을 흥미롭게 표현한 예가 있습니다. 트레이드마크인 빨간 플라스틱 쟁반과 종이 깔개로 자막을 만든 동영상입니다. 종이 깔개에 시청자 이해를 돕는 그림이 그려지며 자막이 완성됩니다. '좋아요' 버튼을 상징하는 엄지손가락을 올린 아이콘, 사람 모양, 그래프, 햄버거, 돈주머니 등 한 번에 이해하기 쉬운 그림들입니다. 일반적인 동영상에서는 이런 아이콘을 (후반 작업으로) 화면 위에 입히지만, 맥도널드는 직접 그리고 프린트하여 카메라로 촬영했습니다. 딱딱한 컴퓨터 그래픽 작업이 아닌 사람 냄새가 나는 아날로그 방식을 택한 겁니다. 브랜드가 행복과 즐거움을 중요하게 생각하는 만큼 광고에서도 정감을 느끼도록 노력한 거죠.

- 맥도널드 브랜드 특성을 살린 메시지 전달 방법임
  트레이드마크인 빨간 쟁반과 종이 깔개를 활용하여 자막을 제작함
- 내레이션으로 설명하고 시각적 이해를 돕기 위해 아이콘이 그려진 자막을 추가함
  그래서 프린트한 아이콘을 쟁반 위에 놓고 촬영함
- 쟁반을 바꿔가며 설명을 이어감
  후반 작업으로 화면 위에 입히는 자막보다 더 정감가는 표현임

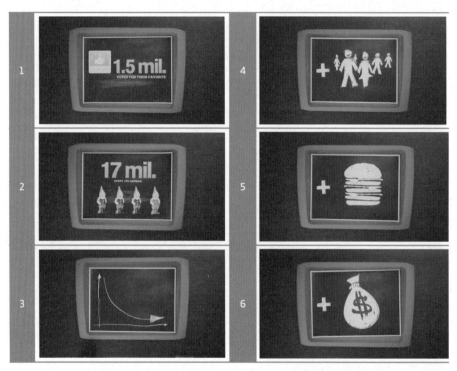

https://youtu.be/bVcAoE−ysbQ

No.87 해양 생물 보호 비영리 단체 '시 셰퍼드'

글자를 강조하기 위해 이미지 요소를 추가한다는 것을 앞부분에서 여러 번 살펴봤습니다. 선이나 기호 하나만 넣어도 글자가 눈에 잘 들어와 빠르게 인식되었죠. 이번에는 이미지 요소를 한 개 이상 사용하는 복합적인 방법을 알아보겠습니다. 복합적이라고 하더라도 전체적인 결과물이 깔끔하여, 디자인 요소나 가독성 부분 모두 부족한 게 없는 표현 방법입니다.

첫 번째 예는 해양 생물 보호 단체인 '시 셰퍼드(Sea Shepherd Conservation Society, 줄여서 Sea Shepherd라 불림)'에서 만든 캠페인 동영상입니다. 플라스틱 때문에 숨 못 쉬고 괴로워하는 해양 생물을 그래픽으로 만들었는데요. 진중한 내용인 만큼 전반적으로 자막을 정숙하고 군더더기 없이 깔끔하게 처리했습니다. 초반에 등장하는 'INTRODUCING', 'THE PLASTIC OCEAN'을 보면 그 느낌을 알 수 있죠.

우리가 주목할 부분은 후반부 자막인 'STOP PLASTIC POLLUTION'입니다. 글자를 강조하기 위해 두 가지 방법이 사용되었습니다. 첫 번째는 사각형 테두리가 삽입되었고, 두 번째는 글씨의 색이 반전되었습니다. 동영상 전체 핵심 문구이고, 아랫줄의 보조 문구인 'RECYCLE, REUSE AND REDUCE'와 구분을 뚜렷하게 하려고 시각적 요소가 사용된 겁니다. 두 가지 방법이 혼합되었지만 복잡하지 않고 깨끗하게 처리되어 중요 문구가 잘 강조되었습니다.

- 진중한 내용에 맞춰 전반적으로 정숙하고 깔끔하게 자막을 표현함
- 강조할 문구에 시각적 요소(두 가지)를 추가함
  요소 1: 사각형 테두리 삽입
  요소 2: 글씨 색을 반전시킴
  전체 핵심 문구임을 알 수 있음
- 전체 톤 앤드 매너에서 벗어나지 않게, 깨끗하게 이미지 요소를 추가함

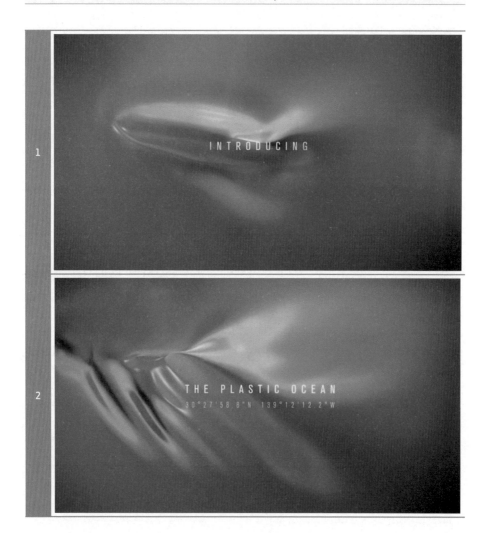

3

https://youtu.be/cYPeu_fdWas

No.88 '티웨이항공'의 안전교육훈련

　　'티웨이항공'은 승무원의 소방교육을 위해 소방청과 협력했습니다. '안전'이 가장 중요함을 실천하는 것이죠. 광고에서도 이를 보여주고 있는데요. 초반에 '티웨이항공'과 '소방청'이 협력하여 '안전교육훈련'을 진행했다는 내용을 아주 간략하게 자막으로 표현했습니다. 시각적 요소인 '곱하기 표시'와 '선'을 사용해 세 종류의 자막을 합쳐 이해하기 쉽게 나타냈습니다.

　　후반부에는 색 변형의 방법도 사용했는데요. 자막은 그대로 있고 강조할 단어 뒤에 티웨이 브랜드 색인 붉은색을 넣었습니다. '진짜 안전이 시작된다'에서 '안전'이 눈에 잘 들어오게 한 거죠. 한 동영상 안에서 복합적 요소(기호와 도형 삽입, 색 변형)를 사용하여 자막을 강조한 좋은 예입니다.

초반 자막: 티웨이항공, 소방청, 안전교육훈련

- 세 종류의 자막을 묶어 하나로 표현함
  '티웨이항공'과 '소방청'이 협력하여 '안전교육훈련'을 진행한 것을 시각적 요소
  (곱하기 표시, 선)를 사용하여 간단하게 표현함
- 글자는 굵게 하여 강조함
- 시각적 요소(곱하기 표시, 선)는 얇게 하여 보조적인 역할을 하게 함
- 세 단어를 깔끔하게 표현하기 위해 하나의 사각형 형태로 만듦
  크기와 자간을 조절하여 전체적으로 봤을 때 사각형 형태가 이루어짐

후반 자막: 진짜 안전이 시작된다

- '안전' 글자 뒤에 색(브랜드의 상징적인 색인 붉은색)을 넣어 강조함
- 붉은색 위에 흰색 글씨라 눈에 잘 보임
- 깨끗한 글씨체에 자간 조절이 잘 되어 쉽게 잘 읽힘

https://youtu.be/PvRf2pBkWcc

No.89 영국의 기업 연맹 'BITC' (해커 편)

　　영국의 기업 연맹인 'BITC(Business in the Community)'에서 경고성 메시지를 담은 동영상을 만들었습니다. 기업 운영 중 위험에 빠질 상황이 많으니 이에 대비해 연맹에 가입하라는 이야기입니다. 해커에 공격당할 수 있고, 재난, 화재, 홍수 등 자연재해가 언제 일어날지 모르니 가입하라는 거죠. 동영상에는 상징적인 인물이나 사물이 등장하지 않고 메시지를 있는 그대로 적은 자막만 등장합니다. 크고 굵은 글씨로 화면을 꽉 채워 강력하게 표현했습니다. 이 콘셉트로 여러 편을 시리즈로 만들었고, 그중 첫 번째는 '해커 편'입니다. 해커에게 공격당했을 때의 느낌 그대로 전달할 수 있게 화면에 지직거리는 효과를 주었고, 글씨가 이리저리 깨지도록 했습니다. 효과음도 사용해 지직거리는 느낌을 더 강하게 느끼도록 했죠.

　　사실 자막에서 비주얼 효과는 자주 등장하고 시청자에게도 익숙한 표현 방법입니다. 하지만 목적이 뚜렷하지 않게 사용되는 경우가 종종 있죠. 이러면 메시지 파악이 잘 안 되고 어지럽기만 합니다. 이번 동영상은 지직거리는 효과 하나로 전달력을 높였습니다. 복잡하고 현란한 기술이 아닌 꼭 필요한 이펙트를 어떻게 사용하는지를 배우는 좋은 예입니다.

핵심 POINT

- 다른 이미지 요소 없이 자막으로만 표현된 콘텐츠임
- 해킹 느낌이 들도록 자막을 지직거리게 만듦
- 글자를 부분적으로 깨지게 하거나, 색을 변형하거나, 전체 색을 어둡게 하는 등의 비주얼을 사용함

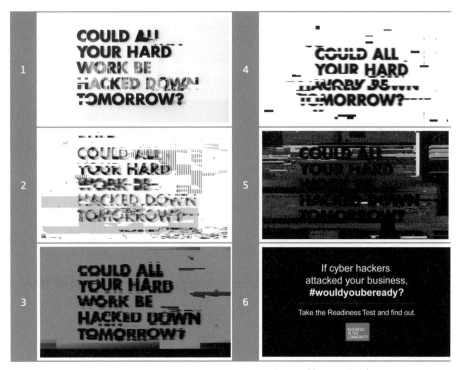

https://youtu.be/V3VowXSVT2Y

No.90 영국의 기업 연맹 'BITC' (유리 조각 편)

　　이번 편은 예기치 못한 사고(유리 깨지기)가 발생할 때를 시각적으로 표현했습니다. 유리창이 산산조각이 나서 그 파편이 시청자에게로 향하게 했죠. 보기만 해도 아찔합니다. 유리창 깨지는 효과 하나만 사용하고 그 이외에는 아무런 효과를 주지 않았습니다.

- 글자가 유리처럼 깨지는 느낌이 들도록 표현함
- 다른 효과 없이 깨지는 효과 하나만으로 충격적인 비주얼이 연출됨
- 비주얼 효과를 더욱 극대화하기 위해 파편이 시청자 방향으로 날아오게 함
  파편 조각이 뒤로 날아가는 것보다 시청자 방향으로 다가오면 더 큰 충격을
  느끼게 됨

https://youtu.be/4IlaCctZkeM

No.91 사운드 장비 전문 회사 '보스'

헤드폰, 스피커 등 사운드 관련 기기를 판매하는 회사 '보스(BOSE)'의 광고입니다. 2020년 팬데믹으로 바깥세상은 조용해졌지만, 집에서는 청소기, 망치질 등 여전히 소음에 노출되고 있다고 합니다. 그래서 사운드 제품에 노이즈 캔슬링(Noise cancelling, 소음 제거) 기능이 중요하다고 이야기하죠. 노이즈 캔슬링과 관련해 프로모션 행사도 진행했는데요. 보스 헤드폰을 사기 전 집안의 데시벨을 측정해오면 할인을 해주는데, 데시벨이 높을수록 할인을 더 많이 해주는 것입니다.

사운드를 전문으로 다루는 브랜드인 만큼 동영상에서도 소리를 중요하게 여겼습니다. 화면 전환, 자막의 움직임이 예사롭지 않습니다. 리듬과 박자에 맞춰 변하는데, 어색함 없이 아주 자연스러우면서도 고급스럽게 움직입니다. 'QUIET' 자막은 '조용한'이란 뜻에 맞춰 크기가 점점 작아지고, 소리가 울리면 자막도 점점 울리는 것처럼 변합니다. 사운드 효과에 맞춘 자막 크기의 변화, 움직임을 보여주는 훌륭한 예입니다.

- 자막으로 스토리를 진행함
- 사운드 관련 콘텐츠에 어울리는 움직임을 보여줌
  리듬에 맞춰 자막이 바뀌고, 화면이 전환 됨
  사운드를 고려하여 자막의 움직임을 계산함
- 화면을 이루는 배경, 자막, 그림의 색감은 검은색과 흰색 계열을 사용함
- 색의 화려함은 피함
  이미 화면에 움직이는 요소가 있어 색이 다채로우면 시선이 분산됨
- 빠르고 가독성 있는 글씨체를 사용함
  글씨가 움직이기 때문에 가독성이 낮으면 읽지 못할 수 있음

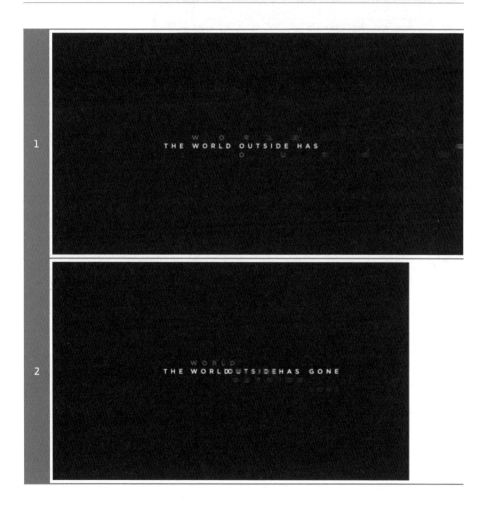

3 THE WORLD OUTSIDE HAS GONE QUIET

4 MOST OF HUMANITY IS INDOORS

5 MOST OF HUMANITY IS INDOORS

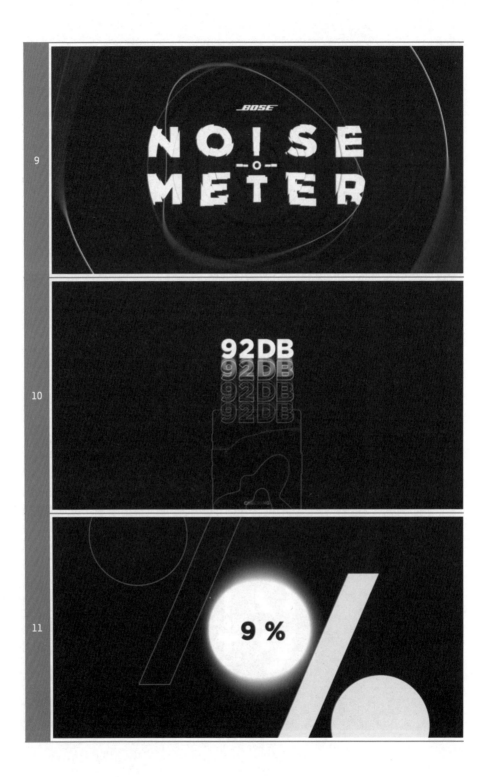

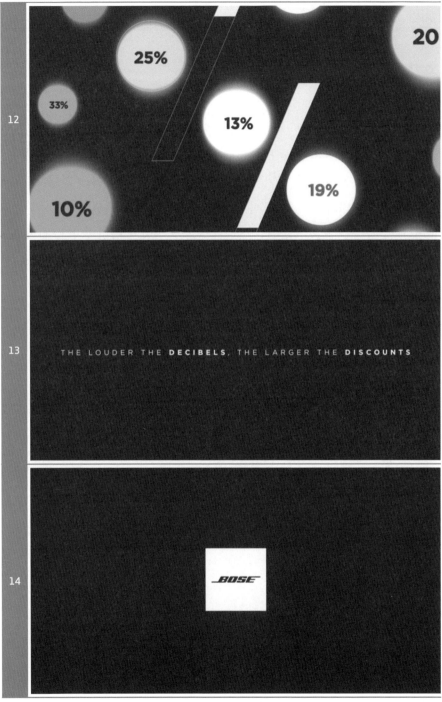

https://youtu.be/cg_9BsgaGAk

No.92 헤어기기 전문 브랜드 'ghd'

드라이기, 웨이브 기기, 브러시 등을 만드는 헤어기기 전문 브랜드 'ghd(good hair day)'의 광고입니다. 뷰티와 패션에 민감한 헤어 브랜드인 만큼 동영상도 감각적으로 표현했는데요. 화면이 끊기지 않고 계속 이어지는 점이 독특합니다. 자막과 이미지가 번갈아 등장하며 화면이 전환됩니다. 더 흥미로운 점은 자막을 일반 글씨체가 아닌 도형으로 만들었습니다. 원 모양들이 모여 글자가 되고, 그 원안에서 새로운 이미지가 등장합니다. 자막으로 화면 전환을 가능하게 한 점을 주의 깊게 보면서 필요할 때 참고자료로 활용하면 좋겠습니다.

- 일반 글씨체 자막이 아닌 도형으로 만든 자막임
- 원 모양이 글자 일부가 되거나 이미지 요소가 됨
- 원 모양이 점점 화면 앞으로 다가와 다음 화면으로 전환됨
  도형 하나를 기준점으로 잡아 글자, 이미지, 화면 전환이 가능하게 한 독특한
  아이디어임

12

https://youtu.be/5_czw9iqE7A

No.93 사이버 보안 플랫폼 '체크'

　　레트로 감성이 물씬 묻어나는 동영상입니다. 사이버 보안 플랫폼 회사인 '체크(CHEQ)'에서 만든 광고인데요. 우리가 주의 깊게 봐야 할 부분은 특정한 시대를 표현하기 위해서는 고려해야 할 점이 많다는 겁니다. 일반적으로 레트로풍의 동영상을 만든다고 하면 후반 작업에서 색감만 조절하려는 경우가 있습니다. 하지만 전체적인 배경과 인물 등이 시대 배경과 어울리지 않으면 그 느낌이 전달되지 않습니다. 촬영 전부터 꼼꼼하게 준비해야 하죠.

　　촬영 장소, 인테리어(당시 유행했던 벽지, 가구 디자인 등), 소품부터 시대에 맞게 준비해야 합니다. 그리고 인물의 머리부터 발끝까지 헤어, 메이크업, 옷, 신발, 가방도 시대에 맞게 해야 하고, 연기도 그 당시에 사용했던 말투, 행동 등을 사용해야 전체적으로 레트로 감성을 느낄 수 있습니다. 자막을 사용할 때도 그 당시 자주 등장했던 스타일로 디자인하여야 그 느낌을 훨씬 더 살릴 수 있겠죠. 이번 예제는 특정한 시대에 맞는 동영상 제작에 필요한 내용이 많으니 자세히 살펴보길 바랍니다.

- 레트로 감성이 묻어나는 색감과 화질을 사용함
  80년대 TV쇼(드라마)가 떠오름
- 레트로 느낌이 나는 연출임
  예) 인테리어와 소품
    등장인물의 옷과 헤어스타일
    인물의 다소 과장되어 보이는 제스처와 연기
- 자막도 전체 분위기(레트로)에 맞춤
  윤곽선과 그림자가 있는 글씨를 사용함
  예전 TV쇼에서 자주 등장한 글씨체임
  동영상 분위기에 어울리는 글씨 색을 사용함

https://youtu.be/R535rHLwuBM

No.94 '롯데백화점' 39주년 기념 광고

　　일부러 80년대 스타일을 따라 한 경우입니다. 창립 39주년을 맞아 '롯데백화점'에서 예전 광고 그대로 다시 만들었습니다. 음악도 그때 사용했던 노래를 입혔죠. 화면 밑에는 실제 80년대 상영된 광고를 함께 보여주어 새롭게 찍은 광고와 비교하여 볼 수 있게 했습니다. 예전 느낌을 내기 위해 화질을 일부러 선명하게 하지 않았고, 화면도 4:3 비율로 했습니다. 자막은 당시 TV에서 자주 볼 수 있었던 가로 방향으로 흐르는 자막을 사용하였습니다. 여러 부분을 구체적으로 고려하여 전체적으로 예전 느낌을 잘 전달한 예제입니다.

핵심 POINT

- 80년대 느낌이 나는 연출임
- 화면 오른쪽 밑에 실제 80년대 상영되었던 광고를 넣음
  느낌을 서로 비교하여 볼 수 있도록 함
- 과거에 많이 사용된 화면 비율(4:3)로 제작함
- 화질을 일부러 선명하게 하지 않음
  예전 TV 보는 느낌이 들도록 표현함
- 화면 밑, 가로 방향으로 흐르는 자막을 사용함
  당시 TV에서 자주 등장한 자막 스타일임
- 윤곽선이 뚜렷한 (흰색 글씨에 검정 테두리) 글씨를 사용함
- 그 당시 느낌이 드는 글씨체를 사용함

https://youtu.be/tJoTkXdoZnY

No.95 보험회사 '다이렉트 라인'

경영자를 위한 기업 보험 광고입니다. 초기 창업자는 생각한 것보다 여러 일을 하게 되고, 혼자 많은 업무를 하게 되어 바쁠 수밖에 없습니다. 이러한 모습을 직접 보여주며 동영상은 시작하죠. 직원 채용, 네트워킹, 집기류 구매, 사무실 선택 등 장면이 빠르게 지나갑니다. 전체적으로 생동감 있는 분위기여서 여기에 맞춰 자막의 느낌이 활기차고, (이 분위기를 살려주기 위한) 움직임도 독특합니다. 글자가 바뀌어 선(Line)이 되고, 그 선이 사각형으로 바뀝니다. 상황에 맞게, 콘텐츠 분위기에 맞게 자막을 변형시킨 점이 돋보이는 예제입니다.

- 전체적으로 빠르고 경쾌한 느낌이 드는 동영상임
  자막에도 생동감을 부여하기 위해 노력함
  자막 배치, 움직임이 독특함
- 'WE KEEP UP WITH YOUR WORLD'의 'UP'에서 P의 세로 길이를 늘임
  항목을 표시하는 형태(선 모양)로 바뀜
- 항목 나열이 끝난 후 선이 두꺼워지며 붉은색의 사각형으로 바뀜
  사각형이 점점 커지며 배경의 상당 부분을 차지하게 됨
- 붉은 사각형을 배경으로 자막이 적힘
  주요글씨는 흰색을 사용하고, 보조적인 글씨는 검은색을 사용하여 둘을 구분함

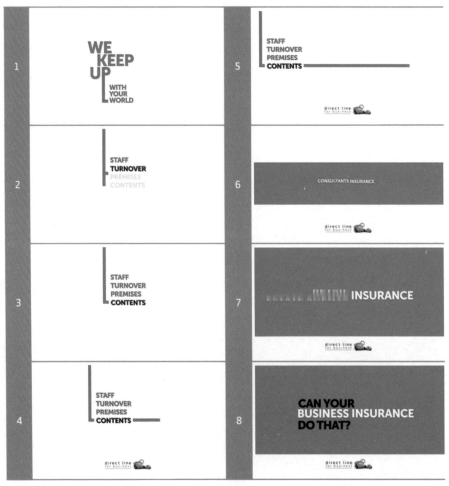

https://youtu.be/0xWhNCDvGFM

No.96 '페이스북(메타)'에서 진행한 '응원 반창고' 캠페인

　　SNS 플랫폼 '페이스북(facebook)'에서 진행한 캠페인입니다. 페이스북은 2021년, 사명을 '메타(Meta)'로 변경했죠. 이번 예제는 2020년 '페이스북'이었을 당시 진행한 캠페인으로 코로나바이러스를 이겨내기 위해 사력을 다한 의료진을 응원하는 내용을 담았습니다. 많은 사람이 의료진을 걱정하고 격려하는 메시지를 페이스북에 올렸고, 이 메시지를 반창고(밴드)로 만들었습니다. 감사의 마음을 담아 반창고를 의료진에게 전달하였고 이를 붙이고 의료진은 다시 바이러스와 싸웠습니다.

　　동영상은 한국에서 제작되었지만 글로벌용으로 상영하기 위해 영어 자막이 필요했습니다. 반창고에 적힌 내용을 영어로 옮겨 자막으로 보여줘야 했죠. 일반적인 번역 자막일 경우 화면 밑이나 빈 곳에 적지만, 이번 경우는 얼굴에 붙은 반창고의 위치에 맞춰야 해서 자막이 반창고 옆에 달리게 했습니다. 자막의 가독성을 높이기 위해 글자 뒤에 하얀색 배경을 추가했고, 화살표로 각 반창고 위치를 표시했습니다. 한글이 적힌 밴드처럼 번역 자막도 밴드같이 보이게 만든 아이디어가 돋보이는 예제입니다.

핵심
POINT

- 외국어 해석 자막의 색다른 예임
- 글자 뒤에 하얀색 배경을 추가해 가독성을 높임
- 화살표로 자막의 실제 위치가 어디인지 알려주어 바로 알아볼 수 있음
- 밴드에 한글이 적힌 것처럼 영어 자막도 밴드처럼 보이게 함

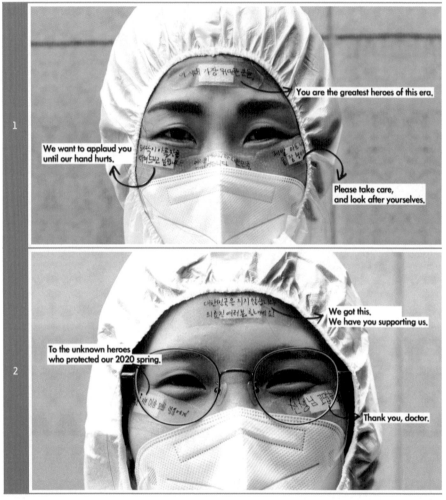

https://youtu.be/OFtEsXRplXg

No.97 온라인 쇼핑몰 '웃'

아마존(amazon)의 자회사, 온라인 쇼핑몰 '웃(woot)'의 광고입니다. 독특한 방식으로 이야기를 진행한 점이 돋보이는 동영상입니다. 대사나 내레이션 없이 하고 싶은 말을 티셔츠에 적었습니다. 그리고 티셔츠를 하나씩 벗어가며 말을 이어갑니다. 자막 처리를 소품(티셔츠)에 한 것도 재미있지만, 다음에 무슨 내용이 나올까 궁금하게 하는 티셔츠 한 장 한 장의 스토리 진행 방법 또한 흥미롭습니다. 티셔츠 색이 같으면 자막이 바뀐 것을 눈치채지 못할 수 있어 티셔츠 색을 바꾼 점, 글씨체를 단순하게 하여 가독성을 높인 점, 등장인물의 유머러스한 표정 등 여러 요소가 조화를 이뤄 인상 깊은 콘텐츠를 만들었습니다.

- 재미난 아이디어의 자막 처리 방법임
  소품(티셔츠)에 자막을 적어 그대로 촬영함
  티셔츠를 벗어가며 새로운 자막을 보여줌
- 글자에 집중시키기 위해 다른 배경 요소는 없음
- 티셔츠 색을 바꿔가며 보여줌
  새로운 자막임을 빠르게 인식할 수 있음
- 가독성이 높은 글씨체를 사용함
  평평한 화면과 달리 티셔츠는 주름과 굴곡이 있어 글씨체가 단순해야 잘 읽힘

https://youtu.be/N_RoMxxnSvs

No.98 공연 '아마데우스' 홍보

　'아마데우스(Amadeus)' 공연을 홍보하는 동영상입니다. 모차르트(Mozart)의 생애를 다룬 공연인 만큼 그의 음악과 그가 쓴 글을 중심 소재로 다룹니다. 특별한 이 공연을 알리기 위해 아마데우스 전용 폰트를 새롭게 만들었는데요. 악보에 적어 보면서 연주할 수 있는 폰트입니다. 기발한 홍보 방법이죠. 동영상에는 어떻게 폰트가 만들어졌는지, 폰트를 어디에 사용했는지를 보여줍니다. 하이라이트 부분은 모차르트가 직접 적은 글을 그의 음악에 맞춰 악보로 옮긴 것이죠.

- '아마데우스' 공연 홍보를 위해 제작된 폰트임
  악보에 적어 연주할 수 있음
- 모차르트가 적은 글을 이 폰트를 사용해 악보로 옮김
  글을 읽으며 모차르트의 음악을 들을 수 있음

ONLY I COULD WRITE
SUCH A PIECE OF MUSIC
ANOTHER ONE WAS NOT YET BORN

F.R

https://vimeo.com/500805744

No.99 음악 플랫폼 '피지'의 뮤지컬 폰트

　음악 전용 플랫폼 '피지(fizy)'에서 뮤지컬 폰트를 개발했습니다. 음악을 들으면 사람이 춤을 추는 것처럼 폰트도 움직일 수 있다는 콘셉트입니다. 재즈, 록, 클래식, 팝 등 여러 장르 음악에 폰트가 반응합니다. 이 폰트는 배너, SNS, 동영상 등 홍보용뿐 아니라 홈 파티, 콘서트, 앨범 표지 등 다양한 목적으로 사용할 수 있습니다. 음악 장르에 맞춰 폰트를 춤추게 만든 독특한 아이디어가 돋보이는 예제입니다.

'뮤지컬 폰트' 지면 광고

3

https://youtu.be/0h2K6t3iTKo

No.100 LGBTQ 무지개 깃발 폰트

무지개 깃발이 떠오르는 폰트를 소개합니다. 성 소수자, LGBTQ(레즈비언, 게이, 양성애자, 성전환자, Q(Queer 또는 Questioning))의 인권을 위해 무지개 깃발을 제작한 '길버트 베이커(Gilbert Baker, 1951~2017)'를 기념하는 폰트입니다. 비영리 조직 'NYC PRIDE'와 'NewFest(New York's LGBTQ Film & Media Arts Organization)'에서 공동 제작한 폰트로 무지개 깃발에서 영감을 받아 만들어졌습니다.

이번 예제는 폰트를 제작한 과정과 실제 사용된 사례를 보여주는 동영상입니다. 뉴욕 거리의 전광판, 옥외 광고판, 택시 지붕 위 등에서 폰트로 적힌 문구들을 볼 수 있습니다. 사람들은 이 폰트를 보고 환호했는데요. '무지개 깃발의 힘을 느낄 수 있다', '길버트 작품의 연장선 같다' 등 긍정적인 이야기를 했습니다. 인물을 기념하여 폰트를 제작한 점과 그 인물을 상징하는 사물(무지개 깃발)을 폰트로 풀어낸 아이디어가 돋보이는 예제입니다.

- 인물의 업적을 상기할 수 있는 아이디어임
  무지개 깃발 제작자로 유명한 '길버트 베이커'를 기념함
- 폰트를 적용하여 전광판, 옥외 광고판, 택시 지붕 위에 메시지를 적음
  폰트를 알리고, 메시지도 전달하는 두 가지 목적을 달성함

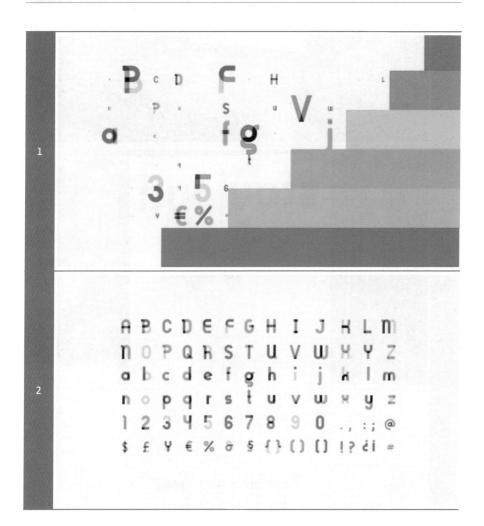

Next time you type,
type with pride.

https://youtu.be/b0JZoeFxQ0o

연희승

광고대행사 크리에이티브 디렉터(CD, Creative Director)이자 성공회대학교 미디어콘텐츠융합자율학부 겸임교수이다.

대학에서 10년 넘게 1인 미디어, 단편영화, 뮤직비디오, 광고 등 영상제작 강의를 해왔고, 기업, 교원, 전문 프리랜서를 대상으로도 영상 관련 수업을 하고 있다. 경기도 광고홍보제 심사위원장 등 다수 영상제와 영화제 심사위원을 역임했다.

시작은 미국 할리우드 방송국 E! Entertainment의 연출부였고, 이후엔 독립영화감독으로 활동하며 Academy of Art University에서 영화연출을 공부했다(예술학석사 M.F.A). 한국으로 돌아와 서강대학교 영상대학원에서 영상예술 전공으로 박사수료 했고, 강의와 광고 제작을 하고 있다.

저서로는 네이버 책 베스트셀러였던 <숏폼 기획 아이디어>(2022)와 <크리에이터 1:1 속성 과외>(2021), 그리고 <쉽게, 싸게, 재미있게 만드는 마케팅 동영상>(2020)이 있다.

자막 만들기 100가지 세계 프로들의 노하우

초판발행	2023년 1월 15일
지은이	연희승
펴낸이	안종만·안상준
편 집	전채린
기획/마케팅	정성혁
표지디자인	이수빈
제 작	고철민·조영환
펴낸곳	(주)박영사
	서울특별시 금천구 가산디지털2로 53, 210호(가산동, 한라시그마밸리)
	등록 1959. 3. 11. 제300-1959-1호(倫)
전 화	02)733-6771
f a x	02)736-4818
e-mail	pys@pybook.co.kr
homepage	www.pybook.co.kr
I S B N	979-11-303-1588-1 93320

정 가   19,000원